図解 忍者

F FILES No.050

山北 篤 著

新紀元社

はじめに

　現代では、忍者はファンタジーの登場人物だ。呪文を唱えるだけで、姿を消し、分身し、敵を金縛りにする。要するに、ファンタジーゲームの魔法使いと同じだ。

　だが、大きく違う点が一つある。それは実践の有無だ。

　魔法で戦ったり仕事をしたりした魔法使いなど、歴史上存在しなかった。魔法が使えると称した人間はいたが、その魔法の技で何かをなしたことはない。せいぜい、金を作成できると称して、トリックで金を作って見せたくらいだ。

　これに対し、忍者はその技で様々な仕事を本当に行っていた。姿を隠して忍び込み、本当に分身しているかのように各地で仕事を行い、相手をすくませて身動きを取れなくした。

　と言っても、忍者は魔法使いでも超能力者でもない。何らかの工夫とトリックで、その技を実行していた。こう言うと、忍者をバカにしているように見えるかもしれないが、そうではない。全く逆だ。

　忍者は、武士の下で働く下請けでしかなかった。当然、下級武士よりも地位も低く、貧しかった。忍者は、超人ではない、ごく普通の貧しい人間でしかなかったのだ。

　そんな地位も金もないただの人間が、普通なら明らかに不可能な行動をなさなければならなくなった時、彼らはいかに工夫を凝らしたのか。後世から魔法に見えるような技を、人の手と足と頭だけで作り上げた。その努力と智恵こそが、真に尊い行為なのだ。

　もちろん、これは荒唐無稽なフィクションの忍者を否定するものではない。それはそれでとても面白いのだから、大いに活躍してくれれば良い。

　ただ、そういった幻に隠された、真実の忍者の姿を少しでも知ってもらいたい。そう考えて、この本は書かれている。簡単そうに見える技でも、それを作り上げるまでに積み上げられた経験、簡単だからこそうまく使えるために必要な修練、そのような忍者の努力を読み取ってもらえれば、これに勝る幸いはない。

山北　篤

目次

第1章 忍者の基礎知識　7

- No.001　忍者は本当に存在したのか？ — 8
- No.002　忍者の任務　情報収集 — 10
- No.003　忍者の任務　防諜 — 12
- No.004　忍者の任務　謀略 — 14
- No.005　不正規戦 — 16
- No.006　忍者の起源　中国説 — 18
- No.007　忍者の起源　古代日本説 — 20
- No.008　忍者の起源　中世日本説 — 22
- No.009　伊賀忍者 — 24
- No.010　伊賀惣国一揆 — 26
- No.011　天正伊賀の乱と伊賀者 — 28
- No.012　服部半蔵 — 30
- No.013　家康の伊賀越え — 32
- No.014　服部半蔵の後継者 — 34
- No.015　甲賀忍者 — 36
- No.016　伊賀と甲賀の対立 — 38
- No.017　諸国の忍者 — 40
- No.018　信長と忍者 — 42
- No.019　石川五右衛門 — 44
- No.020　江戸の忍者　伊賀忍者の末裔 46
- No.021　江戸の忍者　藤堂藩の忍者 48
- No.022　江戸の忍者　川越藩の忍者 50
- No.023　江戸の忍者　甲賀忍者の末裔 52
- No.024　江戸の忍者　芸人としての忍者 54
- No.025　江戸の忍者　盗賊としての忍者 56
- No.026　松尾芭蕉 — 58
- No.027　公儀隠密 — 60
- No.028　御庭番 — 62
- No.029　柳生一族 — 64
- No.030　間宮林蔵 — 66
- No.031　倒幕派の忍者 — 68
- コラム　もはや魔法 — 70

第2章 忍者道具　71

- No.032　忍者装束 — 72
- No.033　忍者装束2 — 74
- No.034　棒手裏剣 — 76
- No.035　車剣 — 78
- No.036　忍び刀 — 80
- No.037　忍びの六具 — 82
- No.038　撒菱 — 84
- No.039　旅弓 — 86
- No.040　木砲・紙砲・皮砲 — 88
- No.041　火器 — 90
- No.042　灯り — 92
- No.043　結梯 — 94
- No.044　忍び杖 — 96
- No.045　甕筏 — 98
- No.046　水蜘蛛 — 100
- No.047　開器 — 102
- No.048　釘抜き — 104
- No.049　鋜 — 106
- No.050　苦無 — 108
- No.051　忍薬 — 110
- No.052　忍びの城 — 112
- No.053　忍術秘伝書 — 114
- No.054　萬川集海 — 116
- No.055　正忍記 — 118
- コラム　家康の感謝状 — 120

第3章 忍術　121

- No.056　忍術の基本 — 122
- No.057　手裏剣術 — 124
- No.058　棒手裏剣術 — 126
- No.059　下緒七術　座探り — 128
- No.060　下緒七術　吊り刀 — 130

目次

No.061	下緒七術	132
No.062	遁法　水遁の術	134
No.063	遁法　火遁の術	136
No.064	察天術	138
No.065	察地術	140
No.066	察人術	142
No.067	物真似の術	144
No.068	陰中陽の術	146
No.069	隠形　観音隠れ	148
No.070	隠形　木の葉隠れ	150
No.071	隠形　狸隠れ	152
No.072	隠形　狐隠れ	154
No.073	撒菱退き	156
No.074	入虚の術	158
No.075	物見の術	160
No.076	入堕帰の術	162
No.077	楊枝隠れの術	164
No.078	家忍の術	166
No.079	七方出	168
No.080	桂男の術	170
No.081	蓑虫の術	172
No.082	蛍火の術	174
No.083	近入りの術	176
No.084	迎入の術	178
No.085	参差の術	180
No.086	虜反の術	182
No.087	秘文字	184
No.088	くのいちの術	186
No.089	歩行法	188
No.090	跳躍訓練法	190
No.091	九字	192
コラム	加藤段蔵	194

第4章　創作の忍者たち　195

No.092	歌舞伎の忍者たち	196
No.093	読本の忍者たち	198
No.094	立川文庫の忍者たち	200
No.095	風太郎忍法帖	202
No.096	白土三平忍者漫画	204
No.097	児雷也	206
No.098	猿飛佐助	208
No.099	霧隠才蔵	210
No.100	Ninjutsu	212

忍者名鑑 ── 214
索引 ── 217
参考文献 ── 222

第1章
忍者の基礎知識

No.001
忍者は本当に存在したのか？

Did Ninja exist?

謎の存在、忍者。ある時は、超絶の技で、敵の城に忍び込み、ある時は、戦の影で、不正規戦に携わる。そんな都合の良い存在が、本当に昔の日本に存在したのだろうか。

●忍者はいなかった

　戦国の世の同時代史料（その当時の人が、書いた文書）をどれだけ読んでも、「忍者」という言葉が出てくることはない。

　では、戦国の世に忍者は存在しなかったのか。戦国時代は、数多くの大名が、自国を保ち、敵国を滅ぼすために、戦争を繰り返していた時代だ。そんな時代に、諜報を行う人間が不要なはずがない。

　もちろん、ちゃんと存在していた。ただし、別の名前でだ。しかも、地方ごとに異なる名前で呼ばれ、全国で通じる名称は存在しなかった。

　「忍び」「細作」「軒轅」「草」「嗅ぎ」「透波」「突破」「乱破」「忍兵」など、名前は様々だ。ちなみに「透波」は、現代でも使う「すっぱ抜き」の語源でもある。透波のように情報を抜いてくるからだ。また、「突破」は、障害を勢いよく破る「とっぱ」の語源となっている。

　後年になって、彼らのことをまとめて「忍び」「忍びの者」と呼ぶようになったのは、徳川幕府のお抱えの**伊賀**の者たちが「忍び」であったからだと言われる。徳川幕府は、各大名が伊賀者以外の忍者を抱えることを禁止したので、徳川時代の忍者は総じて「忍び」であった。

　では、「忍者」という言葉はいつごろから使われるようになったのか。実は、忍者という言葉が一般的になったのは、第二次大戦後のことだと言われている。大正時代に忍術ブームを巻き起こした**立川文庫**に登場する忍者は、「忍術家」や「忍び」と書かれていることはあっても、「忍者」とは書かれていない。ただし、「忍術」という言葉はもっと古く、明治期には「忍術使い」という呼び名も使われていたことが分かっている。

　「忍者」という言葉が広まるのは、戦後になって**山田風太郎**による忍法帳シリーズや、横山光輝の忍者漫画などが出てからだ。

忍者と忍術の名称の変遷

戦国時代には、「忍者」という呼称は存在しなかった。

戦国時代 各地に様々な集団があり、異なる名前で呼ばれていた。

全国各地の忍者
忍び　細作(さいさく)　軒轅(のきざる)　草(くさ)　嗅ぎ(かぎ)
突破(とっぱ)　透波(すっぱ)　乱破(らっぱ)　忍兵(にんぺい)

全国の忍術
忍術　偸盗術(ちゅうとう)
忍法

「すっぱ抜き」など語源として今でも使われているものもある。

江戸時代 徳川幕府が、伊賀者以外の忍者を抱えることを禁止。

全国の伊賀忍者
忍び

全国の忍術
忍術　忍法

明治〜大正 立川文庫などで忍者が大ブームになった。

物語の忍者
忍び　忍術家
忍術使い

物語の忍術
忍術

昭和〜平成 山田風太郎などの小説や漫画で忍者がキャラクターとして定着。

物語の忍者
忍者　忍び

物語の忍術
忍術　忍法

「忍者」という呼び方が広まるのは第二次世界大戦後。

関連項目

●伊賀忍者→No.009
●諸国の忍者→No.017
●立川文庫の忍者たち→No.094
●風太郎忍法帖→No.095

No.002
忍者の任務　情報収集

Intelligence

忍者は、情報を集めてくる者として、戦国時代に登場した。しかし、情報収集と言っても、様々な種類がある。忍者が行った情報収集、忍者が行わなかった情報収集は何なのだろう。

●諜報と偵察

　情報収集は、平時でも戦時でも重要だ。智恵のある大名なら、必ず情報収集に力を入れている。

　平時に敵の状況を調査し、味方に知らせることを諜報という。現在では情報機関が行う仕事だ。忍者の主任務の一つだったと考えられている。

　広い意味では、その手に入れた情報を分析・分類し、さらにはきちんとしたレポートに仕立てるところまでを諜報という。ただし、これは、諜報組織がきちんと作られている近現代の話で、忍者のいた時代には、情報を取ってくることが主だった。

　なぜなら、忍者は、現代の情報機関のような情報分析部門など持たないからだ。情報の分析などは、忍者の情報を得た大名自身や、その側近や軍師が行うことだった。もちろん、現地に行った人間として、気が付いた点は上申しただろうが。

　ただし、町の噂や景気の善し悪しなど、秘密裏に収集する必要のない情報は、忍者以外でも情報を集めることはできる。実際、武田信玄は歩き巫女という宗教者を、**織田信長**は川並衆という水運業者を使って、情報を集めていたとされる。

　もちろん、忍者の知らせる情報は、諜報だけではない。戦場や戦場に向かう途中においても、情報は必要だ。それらは、現代では軍の仕事の一部であり、偵察と言われる。

　忍者は、この偵察も引き受けている。戦場での偵察は、母衣衆のような武者が行うことも多く、こちらも忍者の専売というわけではない。

　というわけで、予想とは違い、現実の忍者は、いれば便利だが、必須というわけではない。

情報収集とその実行者

平時でも戦時でも、情報収集が忍者の役割。

平時

忍者

歩き巫女や行商人など

忍び込み
重要な地点（大名や重臣の屋敷、砦など）に忍び込んで、盗み聞きをしたり、文書を手に入れたりする。

敵国の経済状況や噂などの、その土地に行けば普通に集められる情報を収集する。

戦争前

忍者

兵士

監視
戦争が起こりそうな時、峠や浅瀬などの、交通の要所を見張り、敵が現れたなら即座に知らせる。

戦時

忍者

潜入
敵のこもる砦などに忍び込んで、その状況（兵の配置や軍備や兵糧、士気など）を探る。

戦争中

騎馬武者

小規模部隊

忍者、雑兵

物見
足の速い騎馬武者に、敵の部隊を探させる。大将付きの母衣衆などが行うことが多かった。

大物見
敵の部隊を探し、一当てしてその戦力を探る。敵と戦って、敗北せずに撤退できるだけの戦力と、足の速さが必要になる。

忍び物見
忍びもしくは同等の雑兵に、徒歩で敵を探させる。山野に身を伏せて、敵の動静を見る。

関連項目

●忍者の任務　防諜→No.003　　　●信長と忍者→No.018

No.003
忍者の任務 防諜

Counter Intelligence

戦いに勝利するためには、情報は欠かせないものだ。しかし、逆に言えば、情報不足に陥れば、勝利は遠のく。そこで、敵に情報を与えないこと、防諜が必要になってくる。

●守ることも忍者の仕事

　敵に負けないために、敵の得る情報を遮断することは重要だ。

　平時には、自国の国力、部下の忠誠など、敵に知られるとまずい情報も多い。特に、忠誠心の怪しい配下が誰なのかが敵にばれれば、調略の手が伸ばされるのは確実だ。

　また、敵の調略が配下に伸びるのを防ぐため、もしくは、調略されてしまった配下が誰なのかを知るため、挙動の怪しい配下を見張ることも必要になる。

　もちろん、これら全てを忍者が行うわけではない。不審な武将は、忍びに見張らせるよりも、信頼の置ける武将の下に付けて監視させることの方が多いだろう。

　また、公開されている情報（町の景気や、庶人による大名の人気など）を、商人や旅芸人、旅の僧などが知ることを阻止することは、不可能だ。そして、彼らが、敵国に話をすることも防げないだろう。

　しかし、鉄砲鍛冶村や金山など見られるとまずいものは、封鎖線を敷いたり、中にいる人が逃げ出さないように見張ったりする。この時、山野の封鎖線など武士では見落としが多い。さらに、（戦国時代の人間にとって）たかが職人を守るために、武士を何人も使うのはもったいないなどの理由で、忍びなどの雑兵を使うことが多い。

　このように、忍者は、防諜の主役とは言えないものの、その手足として有効に使われていたものと考えられている。

　もちろん、戦時には部隊の集結地や移動コースを知られたくないので、偵察や監視に当たる敵の忍者を邪魔するためにも、忍者が必要になる。ただし、騎馬武者に忍者は勝てないので、物見は阻止できないだろう。

防諜の仕事

| 防諜とは | 敵の得る情報を遮断すること。これも忍者の仕事の一部。 |

1.敵の間諜への攻撃

- 敵国が、自国に送り込んでくる間諜を見つけ、殺してしまうこと。敵の間諜がいなくなれば、情報が漏れることはない。

2.見張り・警護

- 重要な場所に敵が入り込まないように見張りと警備を行う。同時に、味方の重要人物を、暗殺などから守るために、警護を行う。

3.裏切り者の発見

- 自国の中で、敵国に通じている裏切り者を見つけ出す。敵国に手紙を出したり、敵の間諜と会ったりしているところを発見し、裏切りの証拠を確保する。

4.裏切り者の監視と誘引

- 情勢によっては裏切り者をしばらく泳がせておく必要のある場合もある。そんな場合は、予定外の動きをしないように、裏切り者を監視する。
- 本人（通常は、それなりの偉い武士のはず）の監視は、他の武将に任せることになるが、秘かな手紙のやりとりなどは、忍者が監視できる。
- また、いざという時に偽の情報をつかませて敵を混乱させるために、監視している間もほどほどに情報をつかませて、敵国のために働かせておく。

5.合法間者の対応

- 潜在的敵国から自国に商売に来ている商人のように、合法的に行動している人間は、そうそう殺すわけにもいかない。そのため、少しずつ誤った情報を与えて、敵国を間違った方向に導く。

関連項目

●忍者の任務　情報収集→No.002　　　　●忍者の任務　謀略→No.004

No.004

忍者の任務　謀略

Conspiracy

忍者の任務として知られている中で、最も忍者のイメージから遠いのが、謀略だ。謀（はかりごと）をもって、敵の中に味方を作り、敵と敵をいがみ合わせることで弱体化させる。

●謀略の手足

忍術秘伝書の中では、最上の忍術として紹介されているのが、謀略だ。敵の中に裏切り者を作ったり、こちらから偽の裏切り者を仕立てて敵中に入り込ませたり、人を堕とすことが謀略である。

実際、忍術秘伝書の中でも、かなり大きいページ数を占めているし、内容的にも忍術の最上のものと賞賛されている。

しかし、残念ながら、忍者がこの忍術を使う機会はほとんどなかったものと考えられている。と言うのは、謀略を行うためには、忍者の地位が低すぎた。

敵の中に裏切り者を作ろうと考えても、忍者のような地位の低い人間に誘われても、良い返事は得られない。向こうだって、自分の命と一族郎党の未来がかかっている。高い地位の人が、裏切った後の処遇を約束しない限り、簡単に承諾してくれるはずがない。

また、敵国に行って雇われようとしても、元の地位が低いので、高い地位で雇ってもらえるはずがない。もちろん、その分、簡単に雇ってもらえるかもしれないが、雑兵として雇われても、あまり役に立たない。

忍者が就けたのは、偉い人が調略を行う時に手紙などの運搬係や、敵国に抱えられた武将の郎党といった端役にすぎなかった。こっそり手紙を運んだり、国元に知らせを送るといった秘かな任務には、忍者はぴったりだっただろう。

ただ、このような低い立場ではあったものの、謀略に加わり、その手法と効果を見てきたであろう忍者たちの子孫は、その内容を先祖のものとして秘伝書に記したのだろう。自らの先祖を褒め讃え、少しでも現在の地位を高めるために。

No.004 謀略忍術

| 謀略とは | 謀をもって、敵の中に味方を作り、敵と敵をいがみ合わせること。最上の忍術とされている。 |

忍術	用途
桂男の術（かつらお）	こっそり召し抱えておいた味方を、敵国に長く住まわせ、敵国人として仕官させる。
袋翻しの術（ふくろがえし）	味方忍者を敵国に抱えさせ、ある程度の功績を立てさせて信じさせておいて、大きく裏切る。
天唾の術（てんだ）	敵の間者を捕え、味方にする。そして、こちらからはコントロールした情報を送らせて、敵を思い通りに動かす。
弛弓の術（しきゅう）	敵に捕えられ、寝返るように誘われた場合、承諾して敵の味方の振りをする。天唾の術に対抗する術。
山彦の術	忍術の極意とも言える術で、わずかな失敗によってわざと放逐され、敵国に行って主君の悪口を言って仕官を申し出る。
如影の術（にょえい）	戦争が近い時に、敵が兵を集めるのに乗って、忍者を大量に送り込む。
里人の術（さとびと）	敵国の人間を、こちらの間者とする。
蓑虫の術	敵に内通者を作る。
蛍火の術	偽書を使って、敵の重臣を取り除く。

謀略が成功すれば、威力はかなり高い！　だが…

このような術を行うためには、忍者の地位は低すぎる。謀略に加わることができても、手紙などの運搬係や、武将の郎党といった端役がせいぜい。

先祖の地位を高めるために、子孫が秘伝書に記した？

関連項目

- ●忍術秘伝書→No.053
- ●桂男の術→No.080
- ●蓑虫の術→No.081
- ●蛍火の術→No.082

No.005
不正規戦
Unconventional Combat

忍者は、兵士ではないので、軍隊と軍隊が正面から衝突する戦場では、その働きは大きく制限される。しかし、そんな忍者でも、十分に働ける場所がある。

●現代戦とは違う忍者の不正規戦

忍者の行う不正規戦は、現代のそれとは多少異なっている。

現代の不正規戦争は、ゲリラ戦を基本として、テロリズム、政治的宣伝、民衆への教育などを組み合わせて、味方の大義を強調し、敵の大義の消失を狙い、敵国家の戦意を失わせようとする戦争のことだ。そこには、不正規戦を行う組織（国家とは限らない）に対する民衆のサポートが不可欠だ。

しかし、当時の不正規戦には、民衆が存在しない。なぜなら、大多数の農民にとって、領主が誰であるかは大きな問題ではなく、年貢が変わらないのなら、誰が領主でも大差がない。それこそ、不謹慎にも弁当を持って、合戦見物に行く者すらいた。そのため、民衆への宣伝活動がほとんど意味を持たない。

そのため、戦国時代の不正規戦は、槍・刀・弓・火縄銃を使った部隊同士の戦い以外の、焼き討ちなどのような戦いを意味する。

このような戦い方も、もちろん戦争に勝利するためには必要だ。たいていは、武将に率いられた雑兵が作業するのだが、ここで忍者にやらせると、効率が良い。

と言うのは、彼らは、火の扱いや、土木関係に強いからだ（**江戸幕府**で、伊賀組が普請役になったのは、その意味もある）。

また、**城への潜入工作**も不正規戦の一つだが、これなど忍者の独壇場だ。武士では、突入はできても、潜入は難しい。

このような不正規戦は、武士にとってあまり意味のない（つまり、行っても功績として認められにくい）戦いだ。このため、ますます武将ではなく、忍者のような特殊技能を持った雑兵にやらせることになった。

忍者の不正規戦

| 戦国時代の不正規戦 | ＝ | 部隊同士の戦い以外の、焼き討ちなどのような戦い |

▼

火の扱いや土木関係に強い忍者にやらせると効率が良い！

不正規戦の種類1：足止め

橋を落としたり、崖道に岩を落としたり、細い山道を崩したりして進みにくくする。戦って足止めをするなら武士の功績だが、土木工作による足止めは雑兵の仕事。

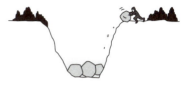

不正規戦の種類2：焼き討ち

荷駄隊の運んでいる糧食を焼いたり、野営中に天幕を燃やしたりする。火を扱うのに巧みな忍者の得意技だった。

不正規戦の種類3：暗殺

滅多に成功するわけではないが、敵武将の暗殺も行われた。火縄銃による狙撃は、失敗した時に逃げることも比較的容易なので、行いやすかった。

不正規戦の種類4：潜入工作

敵の城に秘かに入って、様々な破壊工作を行う。食料庫への放火、重要人物の暗殺、その他の破壊工作によって、敵城の活動を困難にする。

関連項目

●江戸の忍者　伊賀忍者の末裔→No.020　　●物見の術→No.075

No.006
忍者の起源 中国説

The Origin of Ninja : China Theory

忍者の起源は、数多くあって、どれが真実なのかは不明のままである。その中で、最も古い時代に起源を求めるのが、古代中国からやって来たという説だ。

●神代の時代の忍者

古代より、中国から日本に移住してきた人々は数多い。その中には、忍者の祖先もいたのではないかと考えるのが、中国説だ。

単に中国と言っても、時代も地域も広い。中国から来たという説だけで、幾つもある。

最も古い説が、伏義説だ。『萬川集海』に忍術の始まりについて「伏義帝より始まり、軒轅黄帝、推し広めたまう」とある。中国においてすら、神話としてしか知られていない時代を忍者の始まりとするのは、さすがに誇張も度がすぎる。忍術の権威付けのために考えられた創作だと思われるが、戦国時代に実際にそう名乗っていた集団もあった。上杉謙信の使っていた忍者組織は、軒轅（軒猿と書くこともある）と呼ばれる。これなど、軒轅黄帝から取った名前だろう。

次に古いのが、孫子説だ。これも『萬川集海』の記述だが、忍者問答の項に「忍術ということは、何れの代より始まれるや」という問いに対し、伏義の頃からあるが、記録に残っていない。残っているのは、『孫子』の用間編からだとある。つまり、孫武のいた紀元前6世紀から忍者の記録があるという。確かに、戦争において諜報の持つ役割は非常に重要で、『孫子』にも強調されている。だが、だからと言って、『孫子』が忍者の直接の祖先だというのは、言いすぎだろう。

最後が、徐福説だ。『伊乱記』には、「上代より伊賀の遺風とて、そのいにしえの、御色多由也より諜術を伝えて」とある。この御色多由也が徐福のことだという。徐福は始皇帝時代の道士で、始皇帝に不老不死の方法を求めるよう命じられ、東の海へと旅だった。彼が、日本に住み着いて伝えたのが忍術だと言うのだ。

中国からの忍者伝来？

> 忍者の起源を中国とする説もある。

時代	中国	日本
上古	軒轅黄帝（けんえんこうてい）の使う中国の忍者 （忍術秘伝書『萬川集海』の記述から。）	伊賀忍者　軒轅
紀元前6世紀ごろ	『孫子』の用間編 （忍術秘伝書『萬川集海』の記述から。）	伝来して、日本で忍者となる
紀元前3世紀ごろ	始皇帝の不老不死の方法を求めよという命令 （忍術秘伝書『伊乱記』の記述から。）	徐福が日本へ 日本の忍者に

いずれも信頼性は低く、誇張、創作の類と考えられる。

関連項目

●萬川集海→No.054

No.007 忍者の起源 古代日本説

The Origin of Ninja : Ancient Japan Theory

忍者の起源を、日本だとする見方もある。史家に聞いてみれば、ほとんどがそうだと応えるだろう。しかし、さすがに、忍者の歴史を古代日本まで遡ろうとする人は少ない。

●忍者神話

古代日本説と言っても、これまた幾つもある。

最古のものには、『先代旧事本紀』に天照大神と高皇産霊尊が、思兼神の進言に従って、帰ってこない天稚彦の調査に無名雉を送ったことに由来するというものすらある。

次いで、速須佐之男命が八岐大蛇退治の時に、生贄にされた櫛名田比売を櫛に変えたのが、忍術の始まりだという説がある。

このあたりは、忍者の始まりについての神話だと思えば良いだろう。

次いで歴史時代に入って、聖徳太子が「志能便」を使っていたとする**忍術秘伝書**もある。万葉仮名っぽい「志能便」がそれらしいが、聖徳太子が10人の訴えを同時に聞くことができたのも、忍びを利用して情報を予め集めていたからだという。当時の日本政府の公式記録である『日本書紀』の推古9年には、「秋九月の辛巳の朔戊子に、新羅の間諜の者迦摩多、対馬に到れり。則ち捕へて貢る。上野に流す」とあるので、この時代から国際スパイ戦は存在したのだ。

さらに、壬申の乱において、大海人皇子は「多胡弥」という名の忍びを使っていたとされる。これは『萬川集海』に書かれている。戦争のうまかった皇子の配下のためか、多胡弥も**不正規戦**に優れた忍びだったという。

修験道と忍術には、深い関わりがある。忍術の修行場は、戸隠や鞍馬などのように、例外なく修験道の修行場でもある。そして、修験道の祖役行者が忍術の祖でもあるという説もある。行者が使っていた前鬼後鬼が忍者だったという。また、忍者が山伏に化けることも多かったが、これは常に近くにいるので、真似やすかったからだろう。そもそも、忍者が修験者の副業だったのではないかという説すらあるのだ。

日本起源の忍者

忍者の起源を古代日本とする説もある。

忍者の使い手	やったこと	
天照大神（あまてらすおおみかみ） 高皇産霊尊（たかみむすびのみこと）	無名雉（ななしきじ）を偵察に送った	忍者の始まり
速須佐之男命（はやすさのおのみこと）	櫛名田比売（くしなだひめ）を櫛に変えた	忍術の始まり
聖徳太子	志能便（しのび）を用いて調査をさせた	忍びの始まり
大海子皇子（おおあまのおうじ）	多胡弥（たこや）という忍びに、戦争の裏工作を行わせた	忍びの始まり
役行者（えんのぎょうじゃ）	前鬼後鬼（ぜんきこうき）も忍びで、修験道は忍術の母体の一つ	修験道から忍術が発生
藤原千方（ふじわらのちかた） 天智天皇の時代の伊賀の豪族。朝廷に反逆して滅ぼされたと伝えられる。	反乱の際、山注記（さんちゅうき）・三河坊（みかわぼう）・兵庫竪者（じゅ）・筑紫坊（つくしぼう）の4人の法師を従えた。従っていたのは金鬼・風鬼・水鬼・隠形鬼の四鬼という説もある。	修験道から忍術が発生

忍びのようなものはいたが、神話的な話にとどまる。

関連項目
- 不正規戦→No.005
- 忍術秘伝書→No.053
- 萬川集海→No.054
- 七方出→No.079

No.008

忍者の起源 中世日本説

The Origin of Ninja : Medieval Japan Theory

中世にもなると、さすがに忍者そのものではないにせよ、忍者の祖先とも言うべき人々が登場し始める。ここにいたって、ようやく歴史的存在としての忍者の起源が検討できるようになる。

●日本の偉人と忍者

　中世日本で、忍者の祖先を使ったのではないかと言われる最初の人物が、源義経だ。『**正忍記**』には、「日本の忍びは古く依り其の名在りと云へども、之を知る事は源平の頃、源九郎義経、勇士をえらんで之を用ゆ」とある。実際、義経は、**不正規戦**のエキスパートだった。例えば、一ノ谷の合戦で、山中に馬で分け入って、攻撃の予定通りの時間に崖の上に現れるということは、道なき山野を抜ける技能がなければ不可能だ。それらから、義経が忍者、もしくはその祖先としての修験者（義経が預けられていた鞍馬寺は修験道でも有名）を使っていたのではないかと想像されている。**伊賀**には、義経配下の伊勢三郎が残したという『伊勢三郎忍び軍歌』という和歌集が残されている。

　次いで、楠正成説がある。正成は、南北朝時代に南朝の後醍醐天皇を助け、最初は鎌倉幕府と、後には北朝と、ゲリラ戦で戦い続けた。北条方30万人を相手に、わずか数百人で千早赤阪城にこもり、かなり長く籠城戦を続けた。そして、どうしようもなくなったら、偽の死体を残して逃げ去り、敵が安心した隙に次の城の準備をした。正成は有力者ではなく、出自の怪しい河内の「悪党」だ。同時期には、伊賀の悪党服部氏（**服部半蔵**の祖先）など、多くの悪党がいた。伝説では、正成の下には、伊賀からの援軍として忍者48人が付いていたという。

　渡来人が忍者のルーツではないかという説もある。彼らが持ってきた軽業や奇術といった芸能（散楽もしくは猿楽と呼ばれた）を、裏の仕事に使ったのが忍者なのではないかという説だ。特に西域幻伎と呼ばれる幻術（一種の催眠術か？）の中には、牛を丸呑みにするというものがあり、これは江戸時代になって**忍者の芸**として行われている。

忍者の始まり

中世には、忍者の起源とみられる者たちがいた。

忍者の使い手	やったこと	忍者への派生
源義経	部下に伊勢三郎 山中で軍を動かせる （伊勢三郎は『伊勢三郎忍び軍歌』という和歌集を残している。）	義経流忍術
楠正成	山岳ゲリラ戦	楠流忍術
渡来人	猿楽 西域幻伎（さいいきげんぎ） （江戸時代になって忍者の芸として行われている。）	忍びの始まり

歴史的存在としての忍者の起源として検討できる。

関連項目
- 不正規戦→No.005
- 伊賀忍者→No.009
- 服部半蔵→No.012
- 江戸の忍者　芸人としての忍者→No.024
- 正忍記→No.055

No.009
伊賀忍者
Iga Ninja

忍者と言えば伊賀であるが、これはなぜなのか。なぜ、伊賀という土地で忍者が生まれてきたのか。これには、ちゃんとした理由がある。そして、それは他の忍者の生地でも共通している。

●京都に近い山中

　忍術が、山岳地帯での兵法から始まったことは、ほぼ間違いない。しかし、それだけでは忍術ではなく、山岳戦のエキスパートにすぎない。忍術には、**情報収集**という面も存在するからだ。そして、情報収集を考えると、忍者にはそれなりの教養が必要となる。密書を奪うにしても、文字が読めなければ、どれが密書か分からない。

　また、情報収集という仕事の最大の顧客はもちろん京都の住人たちだ。

　このため、京都に近い山岳地帯として、伊賀・**甲賀**に、忍者が生まれた。他にも、鞍馬流（義経流とも言う）は京都の北の山地を地盤とする。特に、伊賀は京都で失脚した人間の逃亡先にもなっていたので、京の教養を持つ人材が流入していた。

　また、別の理由もある。伊賀は、元々東大寺の杣（そま）（荘園であり材木の供給地）だった。だが、戦国時代になると、当然伊賀の土豪たちは東大寺の命令など聞かなくなる。こうして、伊賀は悪党という名の土豪たちの割拠する土地になった。悪党と言っても、東大寺にとっての悪党ではあるが、彼ら自身は自分の土地からの上がりを、余所から来た寺などに取り上げられるのが嫌で、反抗している。

　通常なら、土豪の中から領地を広げた大名が登場するのだが、伊賀は山がちの土地であるため、大勢力が発達しづらい。三重県全体の10分の1の面積しかない伊賀に、三重県にある約1000ヶ所の城砦の半分が集中している。いかに多数の小領主が争う細分化された土地であるか分かるだろう。山ばかりで収入の少ない伊賀を攻め取るのは手間ばかりかかって利益がないので、他国も放置した。

　こうして、伊賀は、忍者という特殊技能者を有する土地になった。

伊賀に忍者が発達した理由

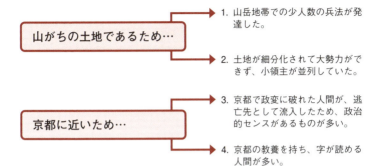

山がちの土地であるため…
1. 山岳地帯での少人数の兵法が発達した。
2. 土地が細分化されて大勢力ができず、小領主が並列していた。

京都に近いため…
3. 京都で政変に破れた人間が、逃亡先として流入したため、政治的センスがあるものが多い。
4. 京都の教養を持ち、字が読める人間が多い。

伊賀の場所

〈伊賀の立地〉

伊賀、伊勢、志摩を合わせたのが現在の三重県

関連項目

●忍者の任務　情報収集→No.002　　　　●甲賀忍者→No.015

No.010
伊賀惣国一揆
Iga Rebellion by So

伊賀の国がいかに小さな土豪たちが相争う細分化された地域だったとしても、余所の大勢力から個別に攻められたら話にならない。そこで、伊賀は惣を作って対抗した。

●戦国の共和政体

伊賀は小領主が、わずかな土地を巡って争う、まさにコップの中の戦争を行っている地域だ。しかし、こんな戦いができるのも、他国から大勢力が攻めてこないという状況だからだ。

伊賀を攻め取ろうと考えた場合、2つの問題がある。

一つは、伊賀は、山ばかりで米もあまり採れない貧しい地域だ。だからこそ、忍者という出稼ぎが行われるようになった。そんな土地を手に入れても、あまりうまみがない。

もう一つは、伊賀は、小領主が跋扈しているため、ここを落とせば伊賀全土を征服したことになるという主城がないのだ。このため、個々の城を個別に落としていかなければならない。しかも、落とした後放置しておくと、いつの間にか逃げ出したはずの領主が戻って来て、砦を再建してしまったりする。つまり、伊賀の征服は大変面倒なのだ。

つまり、伊賀は、外の大勢力にとって、攻め取るのに手間がかかりすぎ、しかもそれによって得られる利益が少ないという、全くうれしくない土地だった。

しかし、伊賀も、だからと言って絶対攻められないとは思っていなかった。そこで、外からの危機に備えて惣国一揆（小領主たちの共和制）を作った。普段は対立していても、伊賀の外から攻撃された場合には一致団結して立ち向かうという約束だ。とはいえ、昨日まで争っていた他領主と、外から攻撃があるからと言って、肩を並べられるのだろうか。

だが、実際に**天正伊賀の乱**でもほぼ有効に働いた。少なくとも、織田信雄による第一次天正伊賀の乱では、味方の数倍にもなる信雄の軍を敗退せしめたのだ。

伊賀惣国一揆とは

| 伊賀惣国一揆とは | 伊賀の領主たちの協定。外敵には一致して立ち向かうことが決められていた。 |

伊賀は他国が攻めにくい！
- 土地が山ばかりで貧しい。
- 小領主ばかりで中心となる主城がない。

↓

だが全くの無防備というわけにはいかないので…

↓

伊賀惣国一揆を結成！

伊賀惣国一揆掟書

| 伊賀惣国一揆掟書とは | 永禄8年（1560年）ごろに成立したと言われる、全11ヶ条からなる掟書。 |

惣国一揆掟の事（抜粋・現代語訳）

一、他国から当国への侵入に対しては、「惣国一味同心」で防ぐべきこと。

一、上は五〇から下は一七歳まで限り在陣すること。長期在陣の場合は交替制とする。それぞれのところで武者大将を定め、全てその指示に従うこと。惣国諸寺の老人は国豊穣の祈禱を行い、若者は在陣すること。園での風評がたび重なっているので、危険箇所（虎口）に置いている見張りからの知らせがあった場合には、足々の鐘を鳴らし時刻を移さずに在陣すること。兵糧、矢、楯を持ち、虎口に厳重な陣を張ること。

一、国中の足軽は他国に出兵しても城をとるものであるから、国境に他国が設けた城を、足軽として乗っ取った百姓があれば、十分な褒美を与えると同時にその身は侍とする。

一、当国の諸侍、足軽ともに、三好方に奉公に出てはならない。

一、前々大和国から当国に対して信義に反する行為もあったので、大和の大将分（筒井方か）の牢人（主家を離れた侍）を受け入れてはならない。

一、当国のことは支障なく同意が整ったから、甲賀郡からの協力が第一であるから、惣国の費用負担で、伊賀・甲賀境目で出会い、近日寄合を行う。

関連項目

●伊賀忍者→No.009　　●天正伊賀の乱と伊賀者→No.011

No.011
天正伊賀の乱と伊賀者
Tensho Iga War and Iga-mono

江戸時代には、全国に伊賀者＝忍者が存在し、各地の大名に雇われていた。伊賀に住まない伊賀者とはいったいどうして生まれたのだろう。それは、戦争のためだ。

●伊賀を荒廃させた戦

　戦国時代、**惣国一揆**という、小土豪たちの共和制をとっていた**伊賀**に悲劇が起こる。**織田信長**の不肖の息子信雄が、信長の命に反して伊賀に攻め込んで、しかも大敗したのだ。これを、第一次天正伊賀の乱という。

　本来なら、これは不要な戦いだった。なぜなら、その当時、伊賀の周囲が全て信長の支配下にあり、どう考えても伊賀が独立したままでいることは不可能だったからだ。後は、どう降伏し、どのくらいの権利を残せるかという条件闘争レベルでしかなかった。

　それを、信雄が無茶苦茶にした。こうなっては、信長は織田家の威を保つために、伊賀に勝たねばならない。信長は、全人口（女子供も含む）が10万ほどの伊賀に、4万の大軍で攻め込んだ。これが第二次天正伊賀の乱だ。ここまで大差があると、忍術もゲリラ戦も功を奏さない。しかも、信長は**甲賀忍者**を味方に付けて、甲賀側から攻め込んだ（これが後の伊賀甲賀の**確執**の原因だという説もある）。

　それでも、伊賀の武士たちは奮戦した。最後に残った柏原城にこもった2000人ほどを、4万の大軍が攻めあぐねたほどだ。

　最終的に、奈良の猿楽師大倉五郎次の仲介によって、柏原城は開城し、伊賀の乱は終了した。

　その後、信長が本能寺で殺された直後にも、伊賀では反乱が起こるが、信雄によって鎮圧されている。ちなみに、この反乱の最中、徳川家康は**伊賀越え**の脱出を行っていた。

　敗北して荒廃した伊賀からは、多くの人が逃げ出した。そして、各地の大名に忍びとして雇われた。これが、全国に伊賀忍者が存在する原因の一つである。そして、忍者のことを「伊賀者」と言うようになった。

伊乱記による伊賀攻略戦

〈伊賀の乱の顛末〉

織田信長の息子信雄が伊賀に攻め込んで大敗！
→**第一次天正伊賀の乱**

信長は、4万の大軍で攻め込む！
→**第二次天正伊賀の乱**

籠城した2000人ほどで4万の軍勢を悩ませた！

大倉五郎次の仲介によって、最後に残った柏原城が開城。伊賀の乱は終了。

敗北して荒廃した伊賀から逃げ出した人材が各地の大名に忍びとして雇われ、全国に伊賀忍者が存在するようになった。
→**忍者のことを「伊賀者」と言うようになった。**

〈伊賀の乱の戦い〉

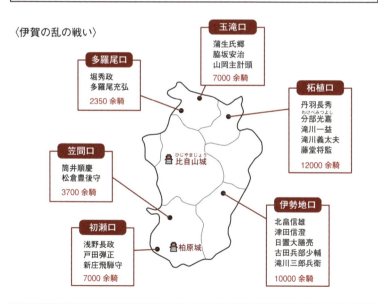

玉滝口
蒲生氏郷
脇坂安治
山岡主計頭
7000 余騎

多羅尾口
堀秀政
多羅尾充弘
2350 余騎

柘植口
丹羽長秀
分部光嘉
滝川一益
滝川義太夫
藤堂将監
12000 余騎

笠間口
筒井順慶
松倉豊後守
3700 余騎

比目山城

初瀬口
浅野長政
戸田弾正
新庄飛騨守
7000 余騎

柏原城

伊勢地口
北畠信雄
津田信澄
日置大膳亮
古田兵部少輔
滝川三郎兵衛
10000 余騎

関連項目
● 伊賀忍者→No.009
● 伊賀惣国一揆→No.010
● 家康の伊賀越え→No.013
● 甲賀忍者→No.015
● 伊賀と甲賀の対立→No.016
● 信長と忍者→No.018

No.012
服部半蔵
Hanzo Hattori

日本で最も有名な忍者と言えば、服部半蔵だ。徳川家康の股肱の臣として、家康が三河の小大名だった時代から征夷大将軍になるまで、忠実に仕え続けた。

●日本一有名な忍者

忍者の頭領と言えば服部半蔵正成の名が挙がる。ところが、史料を調べても、正成が忍者だったのかそうでないのか、さっぱり分からないのだ。

史料に登場する半蔵は、徳川家に忠実で勇猛な武将であり、忍者ではない。戦場に出て敵を倒し、**家康**からも何度も槍を賜っているほどの勇将だ。

服部家は元々**伊賀**の大姓（有力者）であったが、正成の父保長が伊賀を出て、各地の武将に仕えていた。そして、徳川家に仕えてから、正成が生まれている。つまり、正成は伊賀で育ったわけではない。

また、家康の息子信康が、織田信長に切腹を命じられた時には、介錯役として首を切らねばならないにもかかわらず、主君の息子の首が切れなかった。正成は、情にもろい人物のようだ。

これらのエピソードからは、あまり忍者らしくない正成の人物像がうかがわれる。しかし、忍者らしいエピソードもある。

記録によれば、正成は武田家の間者である竹庵を討ち取ったことで、褒美をもらっている。しかし、忍者を討ち取るのは、忍者だ。なぜなら、忍者は武士とは戦おうとせず（戦うと負けるから）逃げてしまうからだ。また、そもそも隠れていたり変装していたりする忍者を発見できるのも、味方の忍者だ。その意味では、正成は、自らが忍者かどうかは別として、少なくとも忍者を率いていたことは確かなようだ。

ちなみに、半蔵は、朝廷で蔵人の地位を得た半六という先祖の、半六蔵人が省略されて半蔵になったと言われる。そして、伊賀には、保長の兄である保元がいて、その子孫も半蔵を名乗っていた。順序から言って、本当に半蔵を名乗れるのは伊賀の本家であり、保長は自称していただけではないかとも言われている。

服部家の系図

服部半蔵とは	徳川家康に仕えた有力な家臣。忍者であったかは定かではない。

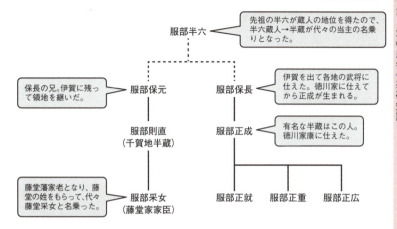

服部半六 — 先祖の半六が蔵人の地位を得たので、半六蔵人→半蔵が代々の当主の名乗りとなった。

服部保元 — 保長の兄。伊賀に残って領地を継いだ。

服部保長 — 伊賀を出て各地の武将に仕えた。徳川家に仕えてから正成が生まれる。

服部則直（千賀地半蔵）

服部正成 — 有名な半蔵はこの人。徳川家康に仕えた。

服部采女（藤堂家家臣） — 藤堂藩家老となり、藤堂の姓をもらって、代々藤堂采女と名乗った。

服部正就　服部正重　服部正広

本来の「半蔵」は保元の子孫に継承されていたのだが、服部正成が征夷大将軍徳川家康の有力家臣となってしまったので、おそらく自称であった半蔵の名を認めるしかなかったのではないだろうか。

服部半蔵の逸話

忍者らしくない逸話

- 戦場に出て敵を倒し、家康からも何度も槍を賜っている。そのため、「槍半蔵」渡辺守綱と並べて、「鬼半蔵」と呼ばれた。
- 家康の息子の介錯役になったが、首が切れなかった。
- 墓が残っており、没年が分かっている。

忍者らしい逸話

- 武田家の間者である竹庵を討ち取ったことで、褒美をもらった。

    ⬇
    忍者を討ち取れるのは忍者だけ。
    ⬇
    自身が忍者でなくても、忍者を率いていたのは確か。

関連項目

●伊賀忍者→No.009　　　　　　●家康の伊賀越え→No.013

No.013
家康の伊賀越え
Ieyasu traveled across Iga

服部半蔵が最も活躍したのではないかと言われるのが、徳川家康最大の危機と言われる伊賀越えだ。

●神君最大の危難

織田信長が明智光秀に暗殺された本能寺の変。この時、徳川家康は堺にいた。それも、観光と挨拶回りで、**服部半蔵**（はっとりはんぞう）などわずかな供を連れただけでだ。信長ある限り、三河から畿内までの道のりは安全だったからだ。

だが、信長の死で全ては狂った。畿内は再び戦乱の地となった。そして、光秀にとって、信長の同盟者である家康は、さっさと殺しておきたい対象だ。そして、京の都には光秀の兵が居座っている。

ここから家康の必死の脱出が始まる。都を通らないために、京都南部から伊賀、そして伊勢へと移動するコースをとる。しかし、ここで伊賀が問題だった。去年の**天正（てんしょう）伊賀の乱**で、伊賀は信長に攻撃され、徹底的に弾圧され、殺された。その恨みは、同盟者たる家康にも向いているだろう。

しかし、逆のことが起こった。伊賀の地侍（ほぼ忍者とその頭領と考えて良いだろう）が集結し、家康の護衛に就いたのだ。

半蔵の行動は、信頼性のある史料ではただ一つ、京都滋賀のあたりで供をしていたという記述だけだ。だが、半蔵が家康のために必死で働いていたことは確かだろう。では、その後の半蔵は何をしていたのか。

ここからは、怪しい伝書などからの再構成なので、確実とは言えない。しかし、半蔵ならできるし、すべきことであった。

半蔵は、先に伊賀に入ると、そのコネを活かして、伊賀の侍たちに声をかけた。そして、家康の守りに就けば、必ず恩義に報いると伝えた。服部の正嫡（かどうかは怪しいが有力な縁者であることは確か）の言葉に、伊賀の侍（≒忍者）は応え、山賊などの攻撃や、恨みに目が眩んだ伊賀侍たちの攻撃から家康を守り抜いた。半蔵が忍者かどうかは明確ではないが、忍者の頭領としての働きは、きちんと行ったと言えるだろう。

伊賀越えのコース

〈伊賀越えの経緯〉

服部半蔵ほか
数名のお付き

徳川家康

本能寺の変が起きたので、伊賀を通るルートで三河に帰りたい！

でもこの間伊賀を攻めたから、恨まれてないか不安！

服部半蔵

伊賀の侍たちが護衛してくれて、無事に通れた！半蔵のおかげ？

家康を守れば恩義に報いると説得 →
← 家康警護を約束

服部半蔵　　　　　伊賀の侍

〈伊賀越えのルート〉

御斎峠から加太越えまでの地域が伊賀国。伊賀は、家康の逃亡コース全体からすると短距離だが、コース中で最も危険だったため、逃亡自体も伊賀越えと呼ばれるようになったようだ。

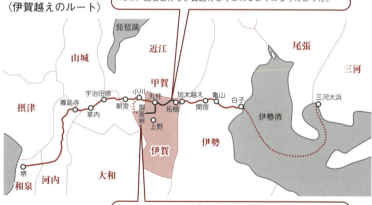

『徳川実紀』では、御斎峠（音聞峠）を通ったと書かれているが、地図を見て考えると、あまり合理的なコースではない。実際には、もう少し北の峠を越えたのではないかと思われる。

関連項目

●天正伊賀の乱と伊賀者→No.011
●服部半蔵→No.012
●信長と忍者→No.018

No.014
服部半蔵の後継者
Successors of Hanzo

優秀だった服部半蔵だが、その子孫は幕臣にいない。親が優秀であっても、子が優秀とは限らないという実例が、服部家だ。大名の家臣としては残っただけ、服部家は運が良かった。

●お偉方のボンボン

服部半蔵正成は、幕府成立の頃には、8000石の大身旗本になっていた。そして、3人も息子（正就、正重、正広）がいて後継者にも恵まれ、服部家の前途は揚々たるものに見えた。

だが、長男の正就は、徳川家が大大名になってから生まれたお坊ちゃんで、しかも無能で横柄な人物だった。

半蔵配下の**伊賀組同心**を私的にこき使い、逆らう者には給金を払わない。ついに、同心たちは寺に立てこもり、正就の処罰を求めた。そして、要求が受け入れられなかったら、正就を殺して全員で腹を切ると主張した。

同心たちの主張は正当だった。軽輩ではあるものの、同心は幕臣（将軍の臣下）であり、正就の臣下ではない。現代風に言えば、正就は江戸幕府株式会社の伊賀組課課長であり、その課長が私的に平社員をこき使い、しかも反論すると給与を支払わなかったのだ。

確かに、伊賀組同心たちは、正成のために骨身を惜しまず働いた。しかし、それは知勇兼備で情も備えた尊敬すべき武士のためであって、横柄なだけで下の者の事情も分からず命令するだけの2代目のためではなかった。伊賀忍者は、そこまで臆病にはなっていなかった。

伊賀同心支配を解かれ面子を潰された正就は、首謀者を捜して街を歩き回り、間違えて関八州代官伊奈忠次の家士（家来）を斬り殺すという醜態をさらす。正就は改易（領地を没収）となり剃髪（僧になる）させられた。

半蔵の名は次男の正重が継いだが、不運にも妻の実家の改易に連座して、追放となってしまった。こうして、**伊賀忍者**は、服部家から離れ、徳川家の忍者となった。

半蔵正成の子孫

服部家は正成の次の代で、伊賀忍者を束ねる旗本から転落した。

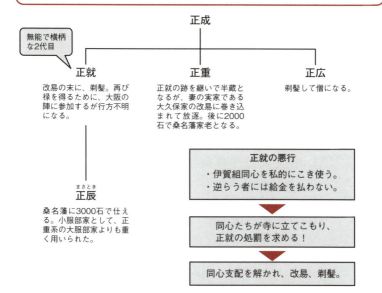

その後の伊賀組同心

正就の手から取り上げられた伊賀組同心はどうなったか。

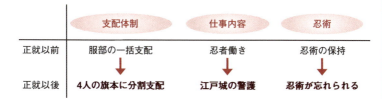

服部家の下から離れた伊賀同心は、忍者ではなく、単なる下級武士へと変化した。

関連項目

- 伊賀忍者→No.009
- 服部半蔵→No.012
- 江戸の忍者　伊賀忍者の末裔→No.020

No.015
甲賀忍者
Kouga Ninja

伊賀と並ぶ忍者の里が甲賀だ。実は、伊賀と甲賀は峠を一つ越えただけの、隣り合わせにある。しかし、一国である伊賀と、近江の一地方でしかない甲賀には、大きな差があった。

●大名の下にいた忍者

　忍者の発達については、甲賀も、**伊賀**と同じだけの利点があった。山がちで、小領主が多く、京都に近くて、流入者も多い。しかし、ある1点において、甲賀は伊賀と絶対的に異なっていた。それは、伊賀は伊賀国だったが、甲賀は近江国の一部である甲賀郡だという点だ。

　このため、甲賀は内部的には郡中惣（郡単位で惣一揆を行っている）であるが、甲賀としては六角氏の配下にあった。

　甲賀で有名なのは、戦国時代より少し前の「鈎の陣」だ。室町幕府が、反抗する近江守護の六角氏を討伐しようとしたのが始まりだ。4倍の戦力を相手に、六角高頼は、観音寺城を放棄して甲賀へと逃げ込んだ。

　幕府軍は、本陣を鈎（地名）に移して甲賀を攻めた。この本陣が鈎の陣だ。だが、甲賀武士たちは、山間部でのゲリラ戦を始め、幕府軍を混乱させた。そして、戦線は膠着状態に入る。

　この甲賀武士の筆頭が、望月出雲守で、霞をもって魔法を使うと言われるほどの鮮やかさだった。甲賀望月伊賀服部と並び称される、甲賀を代表する姓だ。時には、煙幕を焚いて、鈎の陣そのものを黒装束の甲賀武士たち（まるで忍者のようだが、甲賀武士の多くは忍者だったと考えて良いだろう）が攻撃するということすらあったという。

　この膠着状態は、将軍義尚が鈎の陣で病死するまで続き、幕府の六角討伐は失敗する。この戦いが足利幕府の権威を落とし、戦国時代に到った原因の一つと言われる。

　この時に活躍したのが、甲賀五十三家と呼ばれる。また、その中で感状（大名からの感謝状で、これを持っていると有能だということで他家に仕官しに行った場合でも優遇される）を持つものを、甲賀二十一士と言う。

甲賀忍者の実情

| 甲賀忍者とは | 近江国の一部である甲賀郡の忍者たち。伊賀とは違い一地方であるため、大名の支配下にあった。 |

山がちで京都が近いという条件は伊賀と同じ。

支配者は戦国以前は六角氏。以後は織田氏。

鈎の陣

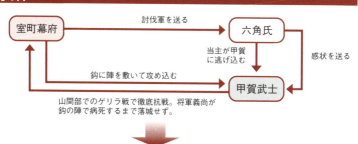

山間部でのゲリラ戦で徹底抗戦。将軍義尚が鈎の陣で病死するまで落城せず。

- 甲賀武士の筆頭は望月出雲守。望月は伊賀の服部と並ぶ甲賀の代表格。
- 煙幕を焚いて黒装束の武士が攻撃するという忍者さながらのエピソードもある。
- この時活躍した家を甲賀五十三家、特に感状をもらった武士を甲賀二十一士と言う。

関連項目

● 伊賀忍者→No.009

No.016
伊賀と甲賀の対立
Conflict between Iga and Kouga

忍者ものの創作で最も多いのが、伊賀忍者と甲賀忍者の対決を描いたものだ。だが、伊賀と甲賀は本当に仲が悪いのか。また、どうして対立していると言われるようになったのか。

●永遠のライバル

伊賀と**甲賀**は、本来は仲が良かった。かつては「甲伊一国」と言われるほど、一体化していた。実際、**伊賀惣国一揆**へ甲賀から援軍が来たり、甲賀郡中惣に伊賀からの助けがあることも、過去に何度もあったと言われる。

また、江戸時代になっても、江戸幕府の伊賀百人組の隣は甲賀百人組で、その隣が根来百人組であった。つまり江戸城の警備を、共同して行っていたわけで、少なくとも憎しみあって殺し合うほどの対立があったとは思いにくい。

では、伊賀と甲賀の対立はどこから始まったのか。それは、織田信長による**天正 伊賀の乱**からだという。

伊賀も甲賀も惣という、小領主たちの共和制が布かれていたことには変わりない。ただ、伊賀の惣は、上に何者も持たない独立したものだったが、甲賀の惣は、上に六角氏という大名がいた。つまり、甲賀では、内部的には惣組織であるが、それが六角氏に従っていた。六角氏は、甲賀の惣を認め、惣に対して命令を下す。

このため甲賀にとっては、六角氏が織田氏に変わっても、甲賀が惣であることさえ認めてもらえば従うことができた。

しかし、伊賀の惣は、上に何者も持たない。このため、織田氏が惣に従えと命じても、肯くことはできなかったのだ。とは言え、当時の状況では、いずれは甲賀と同様の立場で従うことになったと思われるのだが、北畠信雄（織田信雄は当時北畠家の養子に入っていた）が台なしにした。

これにより、信長に従って伊賀を攻める甲賀と、それに抗う伊賀という構図ができた。だが、徳川家の下では、どちらも家康の覇業を助けたとして、並立するようになった。

伊賀と甲賀の関係の変遷

かつては、「甲伊一国」と言われるほど一体化していた。

戦国初期

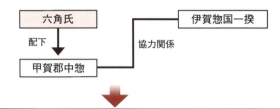

↓

織田信長による天正伊賀の乱で遺恨が発生した。

戦国後期

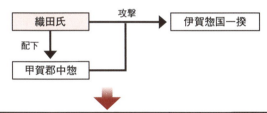

↓

徳川家の下では、どちらも家康の覇業を助けたとして並立するようになった。

江戸時代

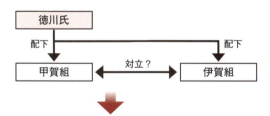

↓

江戸城の警備を、共同して行っていたぐらいなので、深刻な対立があったとは考えにくい。

関連項目

- 伊賀忍者→No.009
- 伊賀惣国一揆→No.010
- 天正伊賀の乱と伊賀者→No.011
- 甲賀忍者→No.015
- 江戸の忍者　伊賀忍者の末裔→No.020
- 江戸の忍者　甲賀忍者の末裔→No.023

No.017
諸国の忍者
Ninja in Japan

忍者は伊賀と甲賀だけではない。日本全国で戦いが続いていた戦国時代、目先の利く大名はそれぞれ独自の忍者を抱えていた。それは、九州から東北まで、全く変わらない。

●忍者はどこにでもいる

戦国時代、目先の利く大名なら、必ず忍者を使った。なぜなら、勝利に必要なものは、まず十分な情報だからだ。このため、有力大名のいる国には、必ず有力忍者組織が存在する。

例えば、伊達家には「黒脛巾組（くろはばきぐみ）」がいる。黒い脚絆（きゃはん）を着けていることからその名が付いたとも言われる。『伊達秘鑑（だてひかん）』には、伊達政宗が作った組織だとある。伊達家最大の危機と言われる人取橋の戦いで、後方攪乱や流言飛語により、対伊達連合軍から複数の大名が抜けてしまった。これも、黒脛巾組の仕事だと言われる。

北条家には、箱根を地盤とする「風魔党（ふうまとう）」がいる。**風魔小太郎**に率いられた乱破（らっぱ）集団で、焼き討ちや潜入工作などに優れていたとされる。風魔が仕事を終えて脱出する時、甲州透破（こうしゅうすっぱ）が紛れ込もうとした。風魔たちは、河原で、小太郎を中心にして座り込んだ。透破も真似をして座っていると、ある合言葉で全員が一斉に立ち上がる。合言葉を知らぬ透破は立ち上がるのに遅れ、斬り殺されてしまったという。これが風魔の「居すぐり」で、集団では合言葉を返していたら間に合わないので、このような方法をとる。焼き討ちなど、集団戦を得意とする風魔らしい仲間の確認法だ。

武田信玄は、富田郷左衛門（ごうざえもん）という忍術名人が差配する「三つ者（みつもの）」を使っていた。三つとは、相見（諜報）・見方（謀略）・目付（防諜）のことで、現代のスパイと同じだ。さらに、塩商人などのネットワーク、歩き巫女などの宗教者まで使う信玄は、「足長坊主」と呼ばれるほど、各地の情報に精通していたとされる。

他にも、毛利氏や島津氏など、有力な大名は、必ずと言って良いほど、忍びの集団を抱えていた。

全国各地の忍者

関連項目

●信長と忍者→No.018　　　●江戸の忍者　盗賊としての忍者→No.025

No.018
信長と忍者
Nobunaga and Ninja

有力な大名は、情報収集を重視し、忍者を利用したと言われる。だが、最も成功した大名であるはずの織田信長には、付き従う忍者集団がない。

●信長の忍者

　武田信玄の三つ者、上杉謙信の軒猿、北条家の風魔など、有力な大名には、必ずと言って良いほど、有力な忍者組織が従っている。そして、その名前も、後世に残されている。しかし、織田信長に従う忍者集団は、その名前すら存在しない。実際、いなかったのではないかとも言われている。

　では、信長は情報を重視しなかったのだろうか。そんなことはない。桶狭間において、今川義元の首を取った毛利新介良勝より、簗田政勝の方が厚く遇されている。良勝が、信長の馬廻りから黒母衣衆になった程度なのに、政勝は沓掛城主にまで出世している。

　政勝の何が功績だったのか。明確な史料は存在しないが、義元の居場所を知らせたという話が残っている。また、桶狭間を含む土地の土豪であったため、地形を把握していたのではないかという説もある。いずれにせよ、戦働きではなく、情報に関する功績で厚く遇されたことは確かだろう。

　そんな信長に忍者の影が見えない原因として、2つ考えられる。

　まず、川並衆（木曽川沿いの河川輸送業者）や馬借（輸送業者）の存在だ。信長の側室生駒の方は、生駒家という馬借で、川並衆ともつきあいが深かった。このような人々は、輸送業の関係で、各地へ移動し、そこの情勢を見てくることができる。このため、わざわざ忍者を雇わなくても、彼らに情報収集を依頼すればすんだと考えることができる。

　また、天下布武思想との齟齬だ。信長は、天下布武（日本を武によって治める）の考えは、金さえもらえば誰の依頼でも受ける忍者と合わない。情報収集を行ってくれる人材は必要だが、それは織田家に忠誠を誓う者でなければならないというのが信長の立場だ。このあたりが、**伊賀**や**甲賀**の忍者と相容れなかったのではないかと考える者もいる。

信長は忍者嫌い？

信長は忍者集団を使わなかったと言われている。

| 理由1 | 川並衆（木曽川沿いの河川輸送業者）や馬借（輸送業者）といった他の情報網を使えた。 |

> 信長の側室、生駒の方の実家は馬借の家。川並衆とも親しかった。

| 理由2 | 天下布武思想との齟齬。 |

> 傭兵的な忍者集団は信長の思想に合わなかった。

戦国の情報部員

忍者以外にも、戦国時代は様々な人間を使って情報収集が行われた。基本的に、各地に移動しても不自然でなく、当地の人々と交流できる人間が情報収集の任に当たった。

忍び
今で言う忍者。様々な職に変装して移動する。

川並衆
川を利用した輸送業者。各地に移動するので、その地の情報を仕入れやすい。

馬借
馬を使った輸送業者。各地に移動するので、その地の情報を仕入れやすい。

歩き巫女
全国を遍歴して、祈禱などを行う巫女。全国を自由に歩け、人の話を聞きやすい。武田信玄が使ったとされる。

虚無僧
半俗半僧の僧で、剃髪していない。修行のために全国を回ることができる。深編み笠で顔を隠し、しかも帯刀できる。

猿楽師
猿楽師に代表される芸人も、各地を回るため、情報を集めやすい。しかも、武士からは軽く見られているため、疑いを招きにくい。

関連項目

●伊賀忍者→No.009　　　●甲賀忍者→No.015

No.019
石川五右衛門
Ishikawa Goemon

現代では、ルパン3世の仲間として有名になってしまった石川五右衛門だが、本来の五右衛門は剣客ではない。大泥棒として、その名が知られた人物だ。

●実際にいた五右衛門

ルパン3世で有名になる前の石川五右衛門は、**歌舞伎**や浄瑠璃に登場する白波(泥棒)で、釜ゆでになって死んだということでも有名だ。

「石川や　浜の真砂は　尽きるとも　世に泥棒の　種は尽きまじ」

これは、五右衛門が釜ゆでになる時に詠んだ辞世の句だ。

歌舞伎においては、『楼門五三桐』の第3幕、南禅寺山門の場で、山門の高楼に座り込み、巨大なキセルをくわえながらの長台詞も有名だ。

だが、これでは、石川五右衛門が架空の人物に見えてしまう。本当は、石川五右衛門は実在した。

当時日本に滞在していたスペイン商人アビラ・ヒロンの『日本王国記』には、京や堺に出没していた盗賊団が捕まって、生きたまま油で煮られて死刑になったことが書かれており、これに宣教師のペトロ・モレホンが、「それは1594年のことである。…Ixicavagoyemonとその家族だった」と注を付けている。スペイン語の発音から日本語を想像すると、「いしかわごえもん」と発音したのだろう。

ところが、これだけでは五右衛門が忍者なのかどうかは、分からない。五右衛門忍者説は、寛政9年(1797年)から発行された『絵本大功記』が唱えたものだからだ。その後は、様々な物語に登場させられて、荒唐無稽な活躍をするようになる。

それによれば、**伊賀**の石川村の出身で、百地三太夫に忍術を習い、その妾と一緒に駆け落ちをする。そして、豊臣秀次の依頼で秀吉を暗殺しようとして、捕まって釜ゆでになるのだ。

さすがに、このあたりは創作だろうが、泥棒と忍者は同業者だから、豊臣統一政権ができて暇になった忍者が泥棒に転職したのかもしれない。

石川五右衛門の成り立ち

> 石川五右衛門は実在した大泥棒である。

〈史料〉

『日本王国記』

- 著者：スペイン商人アビラ・ヒロン
- 京や堺に出没していた盗賊団が捕まって死刑になったことが書かれている。
- 宣教師のペトロ・モレホンが「Ixicavagoyemon」と注を付ける。

〈創作〉

『楼門五三桐』

- 安永7年（1778年）に脚本が書かれた歌舞伎。
- 五右衛門は手裏剣を投げるシーンがある。
- 五右衛門が南禅寺山門に登り、「絶景かな絶景かな。」で始まる台詞を言うシーンが有名。

『絵本大功記』

- 寛政9年（1797年）から発行。
- 五右衛門忍者説を唱える。

> 様々な物語に登場させられて荒唐無稽な活躍をするようになる。

- 百地三太夫に忍術を習う。
- 豊臣秀次の依頼で秀吉を暗殺しようとして、捕まって釜ゆでになる。

関連項目

●伊賀忍者→No.009　　　　　●歌舞伎の忍者たち→No.092

No.020 江戸の忍者 伊賀忍者の末裔

Ninja in the Edo Period : Descendant of Iga Ninja

江戸時代になると、忍者の必要性が薄れてしまう。そんな時代に、伊賀忍者の末裔たちは、どうやって暮らしていたのか。残念ながら、あまり楽しい生活ではなかったようだ。

●不要となった忍者の末裔

　戦国が終わると、幕府の録を得ていた伊賀者は、伊賀二百人組に組織された。彼らは、大久保長右衛門忠直、久米源兵衛重勝、服部中保正、加藤勘右衛門正次の4人の配下となったが、彼らはいずれも忍者とは関係のない武士だった。服部の姓を持つ保正も、名前は忍者らしいが、忍者ではなかったらしい。そして、その下で、鉄砲百人隊として組織された。つまり、幕府は、彼らにもはや忍者としての仕事を、ほとんど要求していない。

　また、普段の仕事も明屋敷番・御広敷番・小普請方・山里番など、これまた忍者と関係がない。

　ただ、小普請方の一部が、忍び働きをしていたのではないかと言われてはいる。

　また、**天正伊賀の乱**以降、各地に移住した伊賀者は、相変わらず忍び働きをしていたと言うが、これも眉唾である。確かに、幕府は忍びを伊賀者のみにするよう命じたようだが、だからこそ親戚同士で殺し合いをしたくないだろう。

　実際には、伊賀者同士で、適当な情報のやりとりをしていただけではないかと考えられている。つまり、伊賀者がどこかに調査に行くことになる。すると、そこに住んでいる伊賀者に紹介してもらうのだ。すると、その地の伊賀者が、適当な情報を与えてくれる。調査に来た伊賀者は、それを持って帰還する。同郷同士で争う必要もなく、楽に適当な情報が手に入る。

　もちろん、これは相身互いなので、余所から伊賀者が来たら、今度は自分が、その伊賀者の面倒を見ることになる。

　こうして、忍者の技術が失われても、伊賀者は間者として残った。

伊賀者のその後

戦国時代の終焉

幕府の伊賀者
- 伊賀二百人組に組織される。
- 忍者とは関係のない武士の下で忍者とは関係のない仕事をする。
- 一部が忍び働きをしたとは言われている。

各地の伊賀者
- 幕府は忍びを伊賀者のみにするよう命じる。
- 伊賀者同士で、適当な情報のやりとりをするようになる。
- 命のやりとりをするような忍術は廃れていった。

幕府の伊賀者の仕事

幕府の伊賀者は、神君徳川家康が伊賀越えの脱出を行った時、道中を警護した伊賀忍者の子孫たちからなる。

明屋敷番
- 幕府の所有する、住人のいない空き屋敷の管理と、新しい屋敷を与える時に、どの屋敷を与えるかの配分を行う。
- 良い屋敷を与えてもらいたい大名や旗本から、付届け（賄賂）がもらえた。
- 大奥の財務の一部だったので、出入り商人にも顔が利いた。
- 大与力10人、同心100人の伊賀者が配置された。

御広敷番
- 大奥にある男子の詰め所である御広敷の警護を行う。
- 本物の大奥とは御錠口という鍵のかかる扉で分離されている。
- 大奥の女性が出かける時の警護役も、ここの者が行った。

小普請方
- 江戸城や各地に所有する屋敷のメインテナンスや修繕を行う。
- この役目のために各地に下向することも多かったため、初期には忍び働きの伊賀者を、この役目に就けたこともあったという。
- 本当の普請担当者は少数で、ほとんどは役目がないために仮に就けておく、はっきり言えば左遷先。
- 御庭番も小普請方だったが、御庭番は徳川吉宗が紀伊から連れてきた配下にやらせたため、元からの伊賀者が御庭番になることはなかった。

山里番
- 西の丸にある山里櫓の門を警護する。

関連項目

● 天正伊賀の乱と伊賀者→No.011

No.021

江戸の忍者　藤堂藩の忍者

Ninja in the Edo Period : Ninja in Todo Clan

江戸時代、伊賀は藤堂高虎から始まる藤堂藩となっていた。藤堂藩の統治は非常に巧妙なもので、江戸時代を通じて、一揆などが起こらなかった。

●無足人

　江戸時代の最初期、**伊賀**は筒井定次（つついさだつぐ）のものだった。定次は、弾圧によって伊賀を治めようとしたが、戦国を生き抜いた伊賀の武士たちは強かだった。まして、定次は、昔から伊賀と対立していた大和の出身だ。何度も反乱が起こり、ついに幕府は定次を改易してしまう。

　その後に入ったのが藤堂高虎（とうどうたかとら）だ。7回主君を変え、しかもその度に禄を増やすという、戦国武将の生き方をある意味体現したような男だ。だが、それだけに、下級武士の扱いを心得ていた。

　高虎も最初は強権で臨んだが、効果がないと分かると、懐柔策に出た。保田采女元則（やすだうねめもとのり）（**服部半蔵**（はっとりはんぞうまさなり）正成の従兄弟の子で、伊賀に残った服部本家の子孫。この当時は服部の姓を名乗っていなかった）を支城の司城職にすえ、後には藤堂の名字を与えて家老にまでした。また、何人かは伊賀者として禄を与え、そうでない者は無足人として名字帯刀を許した。

　無足人とは、禄（仕事をしなくても受け取れる給付）を受けないことから、この名がある。ただし、役料（やくりょう）（仕事をすることによって得られる給与）はもらえた。

　そして、もらった金で研鑽し、毎年1回「武芸一覧」として、藩主に技を見せることになっていた。

　また、無足人は賦役（労働によって支払われる税）も免除、紬や絹の着用の許可など、数々の特権があった。

　このため、百姓にとっては、大きすぎる藩よりも、目の前にいて特権を有する無足人が憎い相手となった。逆に、無足人は、安い金で藩の側に付くことになった。こうして、藤堂藩は幕末まで一揆などの起こらない安定した藩として継続した。

江戸時代の伊賀国

〈江戸期の伊賀〉

〈懐柔策とは〉

> 無足人は給料は出ないものの、様々な特権があったので、百姓の不満は支配階級よりも無足人に向けられた。

・地元の有力者を家老にする。
・何人かは伊賀者として禄を与え、そうでない者は無足人として名字帯刀を許す。
・毎年1回「武芸一覧」として、藩主に技を見せる機会を設ける。

藩主の前で武芸一覧を見せる時、無足人は、以下の5グループに分かれていた。

グループ	解説
組外の衆	
母衣の衆	馬術など
鉄砲組の衆	鉄砲術
留守居の衆	剣術
忍びの衆	忍術

最後の忍者　澤村甚三郎

　澤村甚三郎は、幕末に、最後の忍び働きをしたことで知られる、伊賀の無足人。ペリー艦隊がやって来た時、艦隊に忍び込んで、調査を行った。ただし、忍者装束で忍び込んだわけではなく、随員か何かになって入り込み、船員たちに聞き込みなどを行ったらしい。

　そこで手に入れてきたのが、以下の品々だ。

品物	解説
パン2個	1個は、藩主の息子に求められて、献上したと記録にある。
タバコ2本 ロウソク2本	これらは、開港後は珍しい物ではなくなったので、紛失したらしい。
文書2通	1通は、「Engelsch meid in de bed Fransch meid in de Keuken, Hollandsch meid de huishoulding（イギリス女はベッドが上手、フランス女は料理が上手、オランダ女は家事が上手）」で、綴りが間違いだらけなので、下級船員のふざけた言葉のようだ。 もう1通は、「Stille water heeft diept ground（音のしない川は水深がある）」ということわざで、これも綴り間違いがある。

　文書は、確かに澤村甚三郎が忍び働きをした証拠だ。ただ、残念ながら、重要な情報は得られなかったらしい。

関連項目

●伊賀忍者→No.009　　　●服部半蔵の後継者→No.014
●服部半蔵→No.012

No.022
江戸の忍者　川越藩の忍者

Ninja in the Edo Period : Ninja in Matsudaira Clan

江戸時代になっても、諸藩はそれぞれ自前の忍者を抱えていた。もちろん、戦国時代ほどではないが、それでも情報収集は必要だったからだ。

●平和な時代の忍び働き

　川越藩は、現在の埼玉県川越市にある17万石ほどの中規模大名だ。藩主は松平大和守（家康の息子秀康の子孫）で、最初は姫路藩だった。この時、出雲の忍びを雇った。だが、この藩は、その後何度も領地替えを命じられ、忍びたちは、それに付いて移動していた。

　さて、江戸時代になって100年ほど経った宝暦4年（1754年）、忍びが今まで一度も言上したことがないと、問題になった。忍びの弁明によれば、自分たちは目付ではないので、必要にならない限り言上はしない。今までは、特段の事がなかったので言上しなかったという。そこで、特段の事がなくても、世の中のことを報告するようにと命じられた。その後はきちんと仕事をしていたのか、問題は発生しなかった。

　それから20年後の安永2年（1773年）、松平大和守は、飛騨高山の天領（幕府の領地）で起こった農民一揆を調査するよう命じた。一揆が起きたなど恥なので、できれば他藩に見られたくない。だが、他藩としては、自藩で一揆が起きないようにするために、参考にしようと調査を行いたい。

　川越藩の忍びは、きちんと仕事をした。報告書が残っているが、簡単なもので、詳細は口頭で行われたようだ。いくら親藩と言えど、幕府の天領に忍びを送ったと言えるわけがないので、忍びには内々で金子を与えて報償とした。

　さらに6年後の安永8年（1779年）、隣の忍藩で一揆が起こった。今度は家老の命令で調査に出た。今回は、相手が幕府でなく、また家老の命令でおおっぴらにしてよかったためか、詳細な報告書が書かれている。

　このように、江戸に入っても、政治に関する調査は必要であり、間諜は働いていた。だが、切った張ったの調査はほとんど行われていない。

忍びの行動範囲

〈川越版の忍者の活動範囲〉

行先	時期	目的
飛騨天領	安永2年（1773年）	一揆の発生経緯と原因調査
忍藩	安永8年（1779年）	一揆の発生経緯と原因調査
弘前藩	天保5年（1834年）	親戚の藩主の暗殺の噂の調査

忍び働きの費用

項目	内容
人数	1人
旅程	川越藩（埼玉県）から弘前藩（青森県）まで
日程	約3ヶ月
費用	前渡し金85両、清算後の返金6両2分、実費用78両2分 現在の金額で約800万円

旅費と見れば非常に高いが、調査費用も含めてだと考えれば、結構安上がりかもしれない。

関連項目

●忍者の任務　情報収集→No.002

No.023

江戸の忍者　甲賀忍者の末裔

Ninja in the Edo Period : Descendant of Kouga Ninja

甲賀忍者たちの子孫は、江戸時代にどう生きたのか。一部は、甲賀百人組として江戸に移ったが、ほとんどは甲賀に残り、郷士として生きた。

●甲賀百人組

　関ヶ原の戦いの直前、石田三成はまず伏見城を襲った。そこに詰めていた**甲賀**武士は奮戦し、ことごとく討ち死にした。彼らの子孫は、家康に召し抱えられ、甲賀百人組へと組織された。そして、**伊賀**・根来らと共に鉄砲組として仕えることになった。

　彼らは、江戸城の大手三門を守護する役割を担った。

　つまり、甲賀百人組も、忍者としては期待されていなかった。

　また、甲賀という土地の扱いも異なる。**藤堂藩**としてまとまっていた伊賀と違い、甲賀は、徳川家の直轄地、大名4家、旗本33家、寺社領3と、細分化されていた。このため、藤堂藩における無足人のような特権は、与えられなかった。

　甲賀五十三家は「甲賀古士」と呼ばれ、身分上は百姓であったが、名字帯刀を許される名家だった。しかし、与えられたのは名誉だけで、金銭的特権はなかった。そのためか、甲賀古士は百姓たちの信頼を得て、長く庄屋などを務めることになった。天保の飢饉においては、古士を中心とした百姓一揆が起こったのも、彼らが尊敬を集めていたからだろう。

　だが、彼らも忍術の継承は困難だった。寛政元年（1789年）に、古士の代表が寺社奉行に『**萬川集海**』を献上し（これが内閣文庫にある『萬川集海』）、古士たちへの援助を求めた。その時、甲賀二十一士のうち、忍術の継承を行っているのが10家、8家は困窮していて継承ができず、2家は途絶えたと報告している。だが、幕府はもはや甲賀忍術を必要としていなかった。わずかな金銭と言葉だけですませている。

　さらに後には、口外しなかった忍術を、家の間でも教え合うようにとの約束まで交わしたが、それでも滅びは避け得なかった。

甲賀百人組が守った江戸城大手三門

> 江戸時代には甲賀でも忍術の伝統は途絶えていった。

幕府の甲賀者
- 甲賀二百人組に組織される。
- 江戸城の門を守る任務を与えられる。

地元の甲賀者
- 甲賀五十三家は「甲賀古士」と呼ばれ、百姓身分だが名字帯刀を許され、長く庄屋などを務める。

次第に忍術の継承は困難に。寛政元年（1789年）に、『萬川集海』を献上し、援助を請うが満足な援助は得られなかった。

〈甲賀百人組の守った門〉

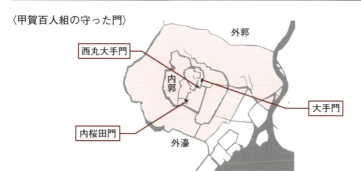

西丸大手門／内桜田門／大手門／外郭／内郭／外濠

島原の乱の甲賀忍者

> 島原の乱にも甲賀忍者が参戦していた！

参加者　甲賀在住の代表10人。

成果
- 物見として城内に忍び込んだ。証拠として、城内の土台（かたぎ）に堅木を打ち込んできた。
- 兵糧不足の敵を早く落とすために、米俵を13俵盗んできた。
- 2人で組んで城内に侵入したが、1人が落とし穴に落ちたため、もう1人が助けた。

関連項目
- ●伊賀忍者→No.009
- ●甲賀忍者→No.015
- ●江戸の忍者　藤堂藩の忍者→No.021
- ●萬川集海→No.054

No.024 江戸の忍者　芸人としての忍者

Ninja in the Edo Period : Ninja Entertainer

忍者は、江戸時代にはすっかり寂れてしまった。しかし、それでも忍者の凄い技というのを見たい人間はいた。そのために、芸としての忍術も存在するようになった。言わば、日本版の軽業師だ。

●忍者芸

　江戸時代になると、**歌舞伎**や人形浄瑠璃といった演芸が盛んに行われるようになった。その中には、忍者としか思えないような役柄が盛んに登場するようになった。また黄表紙や**読本**などにも、忍者らしき登場人物がいくらでも出てくる。

　なぜ、江戸時代になっていなくなったはずの忍者が、芸能にはたくさん登場するのかというと、忍術が芸となっていたからだ。

　これを記録したのが、九州平戸藩の前藩主松浦清（隠居後は静山と号した）だ。静山は、『甲子夜話』という日記とも随筆とも言える大著を残しており、江戸時代後期の世相風俗の一大記録として、重要な史料となっている。

　ここに、「聞き書きだが」と注を入れつつ、忍びの芸を見た人から聞いた話を載せている。夜会の席で見たという話なので、宴会にでも呼ばれた芸人なのだろう。

　と言っても、この芸人が、本当に忍びもしくは忍びの子孫なのか、それとも軽業師が演出の一つとして、忍びを名乗っているだけなのか、それは分からない。

　しかし、どちらにせよ、忍びという存在が、芸の一つとして扱われる程度には、忍びという言葉が一般に広まっていたことは事実だ。

　黄表紙本を書く戯作者や、浄瑠璃や歌舞伎の作者も、これらの忍び芸を知っていたはずで、これらを参考にした登場人物を作り上げた。それが、歌舞伎の**石川五右衛門**や**児雷也**といった盗賊や、怪しい幻術師などに結実したと思われる。

忍び芸のあれこれ

江戸時代には、忍びの技が芸の一つとして披露されていた!

〈忍び芸の例〉

部屋を暗くして、忍者が壁に張り付くと、姿が消える。

見えない忍者を捜して、客が手探りをすると、見えない忍者に鼻をつままれる。

一間(1.8m)の戸板を跳び越える。

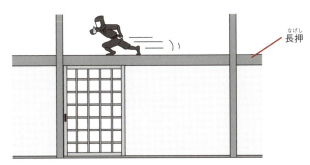

長押(和室の壁の上の方に横に張られている横木、鴨居の上にかぶせて装飾的に使われることもある)に駆け上がって、横に走る。

関連項目

- 石川五右衛門→No.019
- 歌舞伎の忍者たち→No.092
- 読本の忍者たち→No.093
- 児雷也→No.097

No.025

江戸の忍者 盗賊としての忍者

Ninja in the Edo Period : Ninja Burglary

江戸時代になって、仕事を失った忍者が大量にあふれた。彼らの中には、忍者の技が盗賊の技であることを利用して、盗賊に転業した者もいた。

●盗賊に落ちぶれた忍者

　徳川家の定めた法によれば、大名は石高に応じた忍びを雇わなければならないことになっていた。しかし、それは戦国時代に比べればずっと少なく、失業した忍者が多数出た。帰農したものは多かったが、中には盗賊に身を落とす忍者も出てきた。

　そもそも、忍者が忍者になったのは、農民だけでは食べていくことのできない山間部の住人だからだ。単に帰農しただけでは、食べていけないのだ。

　特に、関東入りした徳川家が開発を始めた江戸には、北条家の忍びだった風魔（ふうま）が盗賊となって暴れていた。元の雇い主だった北条は滅んでおり、新たにやってきた徳川家に好意的である理由は、風魔には何一つなかった。

　徳川家も放置するわけにはいかないので、様々な手を使ったが、さすが腐っても忍者、全く捕まえることができない。そこで、慶弔大判10枚（現代の1千万円以上）という莫大な懸賞金をかけた。すると、甲斐の透破（かいすっぱ）であったという高坂甚内（こうさかじんない）が応募してきた。元々相州乱破（そうしゅうらっぱ）と甲州透破（こうしゅうすっぱ）は仇敵同士だったし、懸賞金の額も魅力だったのだろう。風魔小太郎のアジトまで捕縛吏を案内し、小太郎は捕まった。風魔小太郎は、そのまま磔となった。

　ただし、高坂甚内の栄光も短かった。風魔小太郎が処刑された10年後、高坂甚内も捕まって処刑された。瘧（おこり）（主にマラリア）に罹って、逃げられなかったのだ。処刑される時甚内は叫んだ。「瘧にさえ罹らねば、むざむざ捕まることはなかったものを。わしが処刑されたら祀るがいい。瘧から救ってやろう」と。こう言い残したため、高坂甚内は、瘧に効く神様として信仰されたという。

盗賊と忍者

> 戦国時代が終わり、失業した忍者が盗賊になることもあった。

〈元忍者の盗賊〉

盗賊	為人
風魔小太郎	箱根を地盤とする相州乱破である風魔党の頭領。北条氏に長らく雇われていたが、北条氏が滅亡し、後に入ってきた徳川氏が整備していた江戸の街で、盗賊として暴れ回った。 高坂甚内に売られて、磔になった。
高坂甚内	江戸の三甚内の1人。 甲州透破の末で、武田氏の重臣高坂弾正の縁者と名乗るが、おそらくは詐称だと思われる。 宮本武蔵の弟子となったが、刀の魔力に取り憑かれ、辻斬りを繰り返すようになって破門されたという伝説がある。 瘧（主にマラリア）に罹って捕えられて処刑されたため、後世になって瘧に効果のある神様となる。
庄司甚内	江戸の三甚内の1人。 吉原（江戸の大遊郭）の創設者。 『十方庵遊歴雑記』という、江戸の観光地や噂を集めた本によれば、庄司甚内は盗賊ではあるが、剣は一流、剣術もうまく、三十人力で、一日40里（160km）歩いても平気だという。少なくとも、噂では庄司甚内は忍者と思われていた。
飛沢甚内	江戸の三甚内の1人。関東のスリの大本締め。 10間（18m）の沢を飛び越えることができたので、飛沢と号した。 幕府は、飛沢甚内を捕えたが、命を助け、古物商の元締めとした。その代わり、江戸に盗賊が入り込まないように努めよと命じられた。
石川五右衛門	百地丹波に忍術を習ったという伝説を持つ盗賊。安土桃山時代に、釜ゆでで処刑された。

風魔小太郎と高坂甚内

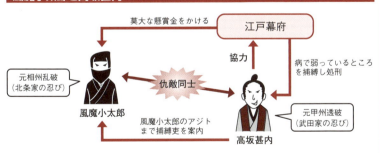

関連項目

● 諸国の忍者→No.017

No.026
松尾芭蕉
Matsuo Basho

松尾芭蕉と言えば、発句を俳諧に高めた我が国最高の芸術家の1人だ。「古池や　蛙飛び込む　水の音」という俳句を知らない日本人は、まずいないだろう。

●芭蕉忍者説の真贋

　高名な芭蕉だが、その生涯は謎に包まれている。

　芭蕉は、**伊賀無足人**だ。無足人とは、伊賀**藤堂藩**が、全ての地侍を抱えることができないので、無禄（給与はない）だが士分（身分的には侍）であると認めた者だ。彼らの中には、各藩に伊賀者（＝忍者）として雇われているものも多かった。

　芭蕉は、文芸を好む藤堂藩で、無足人の父と、百地氏出身の母から生まれたとされる。若い頃は、藤堂采女元則（**服部半蔵**の従兄弟の子）の一族に仕え、彼から俳句趣味を教わった。

　そんな芭蕉は、29歳で江戸に出てくる。後に、宗匠（俳句の師匠の資格）を得たが、深川に隠遁するようになる。そして、その後、各地を回って俳句を詠むようになる。尾張・美濃・近江・山城・大和などを巡った『野ざらし紀行』や、伊勢への『笈の小文』、京都から信州へ回った『更科紀行』などが有名だ。

　そして、最も名高いのが、陸奥・出羽から越後・加賀へと回った『奥の細道』だ。

　だが、当時としては初老の45歳で、時には1日数十kmもの山道を歩く体力、「まづ心にかかりて」と期待していたはずの松島で1泊しかせずに一句も詠まず、伊達政宗の隠し砦とも言われる瑞巌寺を何度も見に行ったことなど、その行動が怪しまれるのも事実だ。

　さらに、江戸に入ったばかりの芭蕉は、土木工事の監督で生計を立てていた。その土木技術は、どこから学んだのか。小普請役の伊賀者ではないのだろうか。それに、各地を旅行して回った芭蕉の旅費は誰が出していたのかなど、芭蕉に隠密と疑われる余地は存在する。

芭蕉忍者説

〈芭蕉の疑わしい点〉

- 出自が伊賀無足人。
- 服部半蔵の従兄弟の子に俳諧を習っていた。
- 江戸生活の当初は土木技術で生計を立てていた。
- 初老で1日数十kmも歩ける。
- 旅程に疑問点が多い。

〈奥の細道の行程〉

関連項目

- 伊賀忍者→No.009
- 服部半蔵→No.012
- 服部半蔵の後継者→No.014
- 江戸の忍者　藤堂藩の忍者→No.021

No.027
公儀隠密
Secret Agent

隠密とは、広い意味では隠れて秘密裏に行動する間者のことだ。戦国時代には、どうしても荒事になることが多かったので、忍者の仕事であったが、平和な江戸時代には、次第に変質していった。

●忍者ではない隠密

　戦国時代は、各大名が隠密を抱えていたが、江戸時代になって、隠密と言えば幕府の使う公儀隠密のことになった。しかも、幕府は、**伊賀者**や**甲賀者**に隠密をさせようとはしなかった。

　戦争のない時代には、諜報も武力や非合法手段は基本的に避けられ、主に合法かつ平和的な手段を使って情報収集が行われる（非合法な手段を使うことも、もちろんある）。現代で言うなら、公安警察の仕事だ。

　その意味では、公儀隠密は忍者ではない。

　隠密を務めたのは、若年寄配下の「御目付」とその部下たちだ。御目付の組織は、全体で3000〜4000人ほどからなる。

　彼らの本来の仕事は、旗本（1万石未満）の監察であり、大名（1万石以上）の監察は大目付の仕事となっている。ただ、江戸初期を除いて大目付の監察は礼典などを対象としたもので、政治軍事方面は大名に対してでも御目付が行っていたようだ。

　通常は、幕府の役人として公的な立場で調査を行う。しかし、身分を隠して調査も行っていた。これを「隠し目付」という。この時、御目付は配下の御徒士目付のうち「正五郎さん、右近殿」を呼ぶ。これが、隠し目付の符丁で、実働は御小人目付が行商人などに化けて、諸藩に潜入する。特に、黒鍬上がりの者は、世事にも詳しく、変装も得意だったという。

　「黒鍬」とは、戦国時代に戦場で土木作業を行った百姓人夫のことだ。他に、攻城道具の作成や運送、負傷兵の回収まで、様々な雑事をこなした。現代風に言えば、戦闘工兵だろうか。

　これとは別に、町奉行配下の同心が、町を廻る時、定町廻り・臨時廻りに加え、変装して廻る隠密廻りというものがあった。

御目付の組織

| 公儀隠密とは | 秘密裏に情報を収集する幕府の役人のこと。御目付とその配下が役割を担った。 |

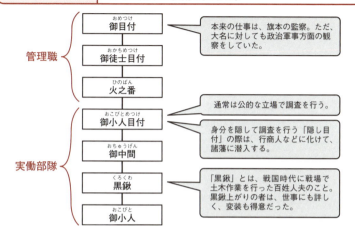

管理職
- 御目付（おめつけ） — 本来の仕事は、旗本の監察。ただ、大名に対しても政治軍事方面の観察をしていた。
- 御徒士目付（おかちめつけ）
- 火之番（ひのばん）

実働部隊
- 御小人目付（おこびとめつけ） — 通常は公的な立場で調査を行う。／身分を隠して調査を行う「隠し目付」の際は、行商人などに化けて、諸藩に潜入する。
- 御中間（おちゅうげん）
- 黒鍬（くろくわ） — 「黒鍬」とは、戦国時代に戦場で土木作業を行った百姓人夫のこと。黒鍬上がりの者は、世事にも詳しく、変装も得意だった。
- 御小人（おこびと）

町奉行同心三廻り

御目付たちとは別に、町奉行配下の同心が町を廻る時に変装して廻る、隠密廻りというものがあった。

名称	定員	解説
定町廻り	6人	別名「定廻り」とも言う。町を定期的に歩き回り、風俗の乱れ、賭博、違法売春などを取り締まった。小銀杏の髷（通常は、町人のする髷）に、朱房の十手を背中に挿して歩いた。
臨時廻り	6人	定町廻りを努めたベテランに、定町廻りの補佐と指導を行わせ、ついでに人数不足の定町廻りの追加とする。
隠密廻り	2人	他の三廻りと異なり、町人などに変装して（このため、髷を小銀杏にする意味がある）、市中を歩き回る。そして、集めた情報を、町奉行に報告した。

関連項目

●江戸の忍者　伊賀忍者の末裔→No.020　　●江戸の忍者　甲賀忍者の末裔→No.023

No.028 御庭番

Oniwa-ban

御庭番は、8代将軍徳川吉宗が作った役職だ。その名の通り、庭の番をする仕事だが、身分が低い割に、将軍の近くにいることがある。それを利用して、別の任務が言い渡された。

●紀伊から来た隠密たち

8代将軍徳川吉宗は、江戸の徳川本家が断絶してしまったため、紀伊徳川家から養子となって、将軍の地位を継いだ。このため、江戸には、吉宗が信頼できる人間が全くいなかった。

そこで、紀伊から軽輩の者を17家連れてきた。そして、彼らを御庭番という新設の役職に就けた。御庭番は御広敷番（大奥の警備担当で、御広敷という場所に詰めていたことから、この名がある）の一部門で、江戸城本丸の庭にある御庭番所に詰めて、庭の警備とメインテナンスを行う役目だ。ただ、役目柄、軽輩であるにも関わらず将軍の近くに寄ることができるため、将軍の命令を直接受けることができる。このため、周囲が信用できない吉宗の耳目となるために、紀伊徳川家で情報収集を行っていた薬込役の一部を江戸に連れてきたのだ。

普段は、将軍の御用懸り（吉宗が新設した将軍の側近職で、こちらの人員も紀伊から連れてきた。後には、御側御用取次という名称に変わり、老中以上に権勢を振るった）から命令を受けて情報を集めたが、時には将軍から直接命令を受けて報告することもあった。このうち、地方に調査に行くことを遠国御用と言った。公式には病欠とされた。

彼ら御庭番は、将軍の信任を得ているためか、出世した者も多かった。本来の御庭番はわずか35俵3人扶持だ（これでも、通常の御広敷番よりは上だった）。だが、御広敷添番並（50俵）や御広敷添番（100俵）に出世した者も多く、1200石取りの堂々たる旗本にまで出世したものまでいる。歴代勘定奉行のうち、御庭番出身者が3人もいるのだ。だが、不思議にも、御庭番は出世しても御庭番の職を持ったままの者が多かった。余人に代え難い職能があったと言うべきだろう。

御庭番の役目

| 御庭番とは | 江戸城本丸の庭の番をする仕事。将軍に信用され、命令を直接受けることもあった。 |

〈御庭番の特徴〉
・8代将軍徳川吉宗が信頼できるものを連れてきて側に置いたのが始まり。
・普段は、将軍の御用懸り(ごようがかり)から命令を受ける。
・御庭番から出世した者も多かった。
・御庭番は出世しても御庭番の職を持ったままの者が多かった。

蘇鉄問答

| 遠国御用(おんごくごよう)とは | 御庭番が将軍から直接命令を受けて地方に調査に行くこと。 |

〈遠国御用の有名な逸話〉

徳川家斉

その方の屋敷の蘇鉄(そてつ)は見事なものだな。

島津公

江戸屋敷でございますか。

いや、薩摩屋敷の庭だ。見分した証拠に、最も大きな蘇鉄の根元に笄(こうがい)(クシの一種)を挿しておいたからな。

薩摩は、方言も特殊で、隠密ですら二度と帰ってこないと評判が高いのだぞ。だが、念のために調べさせよう。

確かに、蘇鉄に葵の紋(徳川家の家紋)の入った笄が刺さっておりました。

家来

(なんと、そんな馬鹿な)…かくまで我が国情を検分されるとは、まことにかたじけない。

関連項目
●公儀隠密→No.027

No.029
柳生一族
Yagyu Clan

柳生家は、大和（奈良）にあった土豪で、剣豪を多く排出したことで有名だ。だが、それより有名なのは、フィクションに暗殺集団や隠密として登場する柳生一族だ。

●柳生一族の陰謀？

柳生一族は、本来剣豪として名が知られている。にもかかわらず、フィクションでは、裏柳生などと称して、非合法活動を行っていることが多い。これは、なぜなのか。

まず、柳生の正統は、尾張徳川家に仕えた柳生利厳（としよし）が継ぎ、江戸柳生は分家という説があることだ（ただし幕府の公式記録である『徳川実紀』では、正統は宗矩だとされる）。これが正しければ、2代将軍秀忠、3代将軍家光と、柳生宗矩（むねのり）が将軍剣術指南役となるのは疑問だ。江戸柳生は、この権威を利用して、多くの大名の指南役に高弟を送り込んでいる。

そして、剣術指南役という、本来は政治と関わりのない役職だったはずの宗矩が、5年間も大目付の役にあり、しかもそれを退いてすぐに4000石もの加増を受けて大名になっている。つまり、大目付（大名への監察）として非常に役に立ったということだ。

『徳川実紀』には、島原の乱で板倉重昌（しげまさ）が追討使に決まった時、宗矩は夜間に将軍に面会し、重昌の任命を止めるよう進言したとある。重昌は小大名なので、九州の大大名たちの抑えが効かず、追討は失敗すると。実際にその通りになり、援軍を受けることで面目を失った重昌は、その前に敵城に突撃して戦死した。

このことから、宗矩が夜間でも将軍に会うことができ、しかも将軍の決定を取り消すよう進言でき、しかも将軍家光もそのことを不審に感じていないことが分かる。しかも、遠方の九州（当時の九州は、今の海外よりも遠い）の状況を知悉して、その情報を元に進言する。そんな人物は、誰だろうか。それは、情報部のトップ以外あり得ない。このような事情から、柳生一族が諜報を担っていたと考えられるわけだ。

柳生一族家系図

> 柳生一族がなぜフィクションに隠密として登場するのか？

- 当主が大目付から大名に抜擢されている。
- 将軍に直に進言でき、遠方の情勢も正確に把握している。

> 江戸の柳生家は情報部のトップだったのではないかと考えられる。

〈柳生一族家系図〉

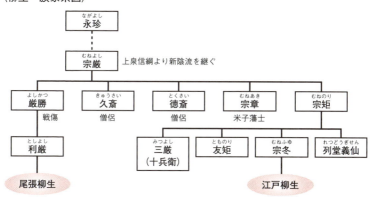

柳生の情報収集システム

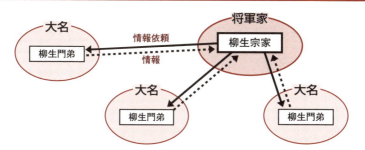

各大名家に剣術指南役として仕える柳生の門弟たちが、その大名の情報を、師匠に送る。これによって、柳生は、門弟を送り込んだ大名の情報が得られるようになる。

関連項目
- 忍者の任務　情報収集→No.002
- 公儀隠密→No.027
- 御庭番→No.028

No.030
間宮林蔵
Mamiya Rinzo

樺太と大陸の間を隔てる間宮海峡を発見した冒険家として教科書にも載っている間宮林蔵。だが、その本質は、幕府の調査官だったことは、意外と知られていない。

●隠密探検家

現在では、樺太の地名は全てロシア風に改名されてしまったが、間宮海峡のみは、国際海峡として各国に知られていたため、現在でもそのままの名称が残っている。

間宮林蔵は、常陸の農民だったが、計数に優れていたため士分に引き上げられ、幕府の御家人にまでなった。そして、普請役（土木建築役）として、測量技術などを学んだ。伊能忠敬にも測量術を学んだ。

林蔵は、冬でも単衣（布1枚の服）で過ごし、裸足で歩いた。足の裏が柔になると困るからだという。しかも、冬でも火鉢一つ点けず、夏でも蚊帳すらぶら下げない。常に、自分を追いつめ、鍛え続けていた。

後に林蔵は、幕府の樺太調査の一環として、樺太が島であることを確認した（当時の世界地図には、樺太は半島として描かれていた）。普段の鍛錬により、樺太にも耐えられる肉体を得ていたのだろう。

手柄を立てて帰った林蔵は、シーボルト事件に出合う。

それは、林蔵の上司である高橋景保（かげやす）にシーボルトから荷物が届いたことから始まった。疑問を持った林蔵は、景保の上司である勘定奉行に相談の上、景保を監視することにした。

監視を察知したのか、シーボルトは出国を試みるが、幸いシーボルトの船は難破し、救助の際に荷物に日本地図が入っていることが発覚した。

当時、日本地図の持ち出しは重罪だった。なぜなら、地図こそは、国防上最大の機密だったからだ。シーボルトは国外追放、景保は死刑となった。

明治維新の時に日本が外国の植民地にならずにすんだ何パーセントかは林蔵の功績だ。まさにプロの諜報員の仕事だ。だが、上司を告発した林蔵を理解する者は少なく、友を失った林蔵は、孤独に生きることになった。

間宮林蔵の生涯

- 常陸（現在の茨城県）の農民出身。
- 計数に優れていたため士分に引き上げられる。
- 幕府に仕え普請役（土木建築役）として測量技術などを学ぶ。

> 冬でも火鉢一つ点けず単衣（布1枚の服）で過ごし、裸足で歩くなど常に鍛えていた。

- 幕府の樺太調査の一環として、樺太が島であることを確認。
- 上司とシーボルトの関係を怪しみ、監視する（シーボルト事件）。
- 上司を告発したことで周囲の目は冷たくなるも、晩年まで幕府の役人として働き、没する。

樺太半島と樺太島

間宮の調査以前の北方地図

樺太は大陸から半島として延びている。

→ 間宮林蔵の調査で確認。

実際の樺太島

樺太が島になって、海峡が存在する。

林蔵の地図は、縮尺36000分の1の詳細地形図で、地図7枚凡例・里程記1帖からなる。大きな地図だった。

関連項目

●忍者の任務　防諜→No.003

No.031
倒幕派の忍者
Ninja for Overthrow of Tokugawa Shogunate

幕末の頃、幕府側も倒幕派も様々な謀略を行っていた。特に、混乱を求める倒幕派は、江戸市中の治安悪化を狙った行動にも出た。その中には、乱破などを使ったものもあった。

●江戸の治安を悪化させろ

　幕末の倒幕派である長州藩、薩摩藩は、いずれも**謀略**や社会不安を高めるために、様々な手段を用いた。その中には、正直言って卑怯な手段も数多くあった。そして、それらに、それぞれの藩の**御庭番**が用いられたという。それどころか、草を御家人として送り込むということまでしている。

　薩摩藩では、乱破(らっぱ)を使ったが、その指揮官は西郷隆盛(さいごうたかもり)だったという。西郷隆盛は、薩摩藩の御庭番だったとも言われており、乱破はその命令で動いていた。ただし、乱破は忍者というわけではない。乱破がやっていたことと言えば、江戸薩摩屋敷にたむろして、時々江戸市中の豪商の下に押し入り、刀や銃を突き付け、攘夷（外国と戦い日本から追い出すこと）のための軍資金と称して、勝手に蔵から金品を持ち出すという、強盗一歩手前というか強盗そのものという行動を行っていた。

　さらには、江戸城に忍び込んで放火をするという、露骨すぎる挑発を行っている。

　これに我慢ならなくなった徳川家（王政復古の大号令が出た後なので、既に幕府ではない）は、薩摩下屋敷を焼き討ちした。だが、これが徳川家の命取りとなる。官軍となっていた薩摩を一介の大名家が焼き討ちしたので、追討を出す大義名分が得られたからだ。こうして戊辰戦争が起こり、徳川家を潰すことができるようになった。

　西郷隆盛も、若い頃は結構汚い権謀を行っていたわけだ。と言っても、こんな時代に、このくらいの術策を弄せないようでは、とても生き残ることなどできない。

　その意味では、維新の元勲となるだけの才能があったと考えるべきだろう。

乱世の幕末

幕末には、倒幕派の藩が御庭番などを使った活動を行った。

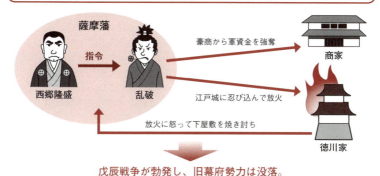

戊辰戦争が勃発し、旧幕府勢力は没落。

長州藩の草の出世

幕府の重職者にまで、反幕派のスパイが潜り込んでいた！

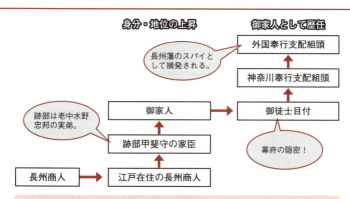

　長州出身の町人が、外国奉行組頭（外交担当者）になるまで、わずか10年ほどという異例の出世であり、2回目の黒船来航の安政元年（1854年）ごろから、幕府に入り込んで、着々と幕府の外交政策を長州藩に送っていたものと考えられている。
　摘発された時には、幕府の外交政策の実務担当として活動していた。それが、長州藩の草だったのだから、下手なスパイ映画以上の展開となっている。

関連項目

● 忍者の任務　謀略→No.004　　　　● 御庭番→No.028

もはや魔法

　江戸時代に書かれた松浦静山の覚え書き『甲子夜話』には、術師の話を聞いたとして、魔法としか思えないような話も載っている。

　遠くから嫁に来た妻に、ある時夫が話をした。その妻は嫁に来る前に、病気になったことがある。もちろん、その時に夫（まだ夫ではなかった）はいなかったのだが、いなかったはずの夫が妻が病気の時の話を見てきたかのように話す。しかも、その話は、妻の記憶そのままだ。夫が言うに、枕元に潜んで見ていたのだと言う。

　妻が驚いて聞いてみると、術師に憑いてそこに行ったので、夫が隠術を使ったわけではないと言う。術師が隠術を使ったので、夫も見えなかったのだと言う。

　ただ、術師は1人しか憑かせることができないのだと答えた。

　『甲子夜話』に収録されている別の話では、友人たちが集まっていた時、1人が柿が食いたいと言う。そこで、1人の術師が座を立った。すると、しばらくすると子供が籠いっぱいに柿を持ってやって来た。そこで、客たちはみんなで柿を食った。

　集まりが終わって、客が帰った後ふと気が付くと、さっき子供が持ってきた柿は、全て庭に生えていた柿の木の実だった。

　さらにこういった話も載っている。客が来た時、その客が普段は決して持ち出さない秘蔵の杯を使ってもてなした。そして、帰りに箱に入れて返してやるという悪戯を行った。

　これら全ての術において、少しでも私欲があれば、術は成功せず、逆に反動で罰があるという。

　また、富くじを買う前に、先祖の墓を磨き、五輪の塔の一番上にある宝珠の欠片を懐に入れておくと、必ず富札が当たるという。

　このあたりになると、もはや忍術なのか魔法なのか判断が付かない。

　このように、忍術はある意味おとぎ話のように語られていたが、忍術の位置付けがどんなものであったのか分かりやすいエピソードも収録されている。

　信州高遠城の家臣坂本孫八が松本に行った時、そこの家臣に忍びを行う者がいた。彼は、陪臣の陪臣で身分が低いにもかかわらず、高遠城の内部のことをつまびらかに知っていた。孫八ですら知らないのに、どうして知っているのかと問うと、自分の仕事は忍びであって、隣接地域のことは大小に関わらず調べているのが仕事だと言った。

　孫八は大いに感心して、門人となりたいと申し出たが、彼はこれは侍のするべきことではない。私は家業だからしているが、あくまでも下法であると答えたので、学ぶのを諦めたという。

第2章
忍者道具

No.032
忍者装束
Ninja cloth

ドラマやアニメに登場する黒ずくめの忍者装束に身を包んだ忍者たち。いかにも特殊部隊といった感じで、格好良い。だが、彼らは、本当にあのような衣装を着ていたのだろうか。

●黒くない忍者の衣装

　黒は、非常に高価な色だ。現代でも、高価な喪服と安物の喪服は、どちらも黒服ではあるものの、黒の発色が全く異なる。もちろん、高価な黒は本当に漆黒で格好良いが、安物の黒は濃すぎる灰色といった感じで安っぽい。本当の黒は、強くて目立つ色である。

　しかも、夜の闇と言っても、月や星の灯りで、少しは明度があるため、本当に黒くは見えない。ところが、本当の黒は明度が0（もしくは酷く低い）なので、かえって周囲から沈んで見えて、目立ってしまう。

　黒い忍者装束は、江戸時代に忍者や盗賊を舞台に登場させるため、舞台映えして、なおかつ忍者らしい色として選ばれたものだ。

　忍者が選んだのは、安く染められて（忍者は貧乏だ）、夜の周囲の色に溶け込む暗くて地味な色だ。主に、柿渋色が使われたと言われている。

　それに、いわゆる忍者装束など、滅多に使われなかった。なぜなら、忍者は遠方に行くことが多く、専用の忍者装束は荷物を増やすだけなのだ。かと言って、昼間に忍者装束を着て歩くのは愚か者だけだ。

　忍者は、普通にある服の中で、筒袖や野良袴のような袖や袴が細身のものを好んで着た。これは、普通の人に見え、なおかつ動きやすく引っかかりにくいためだ。色は、闇に紛れるような濃い色（ただし黒よりは明るい）を使った。時には、リバーシブルの羽織などで、早着替えをすることもあったという。

　いわゆる忍者装束は、忍者が使っていた、筒袖野良袴の服装を、真っ黒にしたものなので、似たような衣装を着ていたという意味では、忍者装束は存在した。

忍者が着た衣装とは

忍者装束は黒ではない！

・黒は高価で、暗闇ではかえって目立つ。

黒い忍者装束は、江戸時代に忍者や盗賊を舞台に登場させるため、舞台映えして、なおかつ忍者らしい色として選ばれたもの。

本当の忍者装束は柿渋色だと言われる。

・安く作れて、夜の周囲の色に溶け込む暗くて地味な色。

いわゆる忍者装束など、滅多に使われなかった。

・荷物になるし、昼間は目立つ。

忍者は、普通にある服の中で袖や袴が細身のものを好んで着た。

・普通の人に見え、なおかつ動きやすい。

忍者装束

〈いわゆる忍者装束〉 忍者が使っていた、筒袖野良袴の服装を、真っ黒にしたもの。

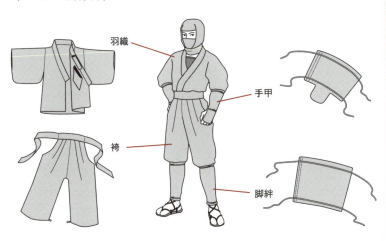

関連項目

●忍者装束2→No.033

No.033
忍者装束 2
Cowl & Underclothes of Ninja

上着以外でも、忍者の衣類には、特徴がある。有名なのは忍び頭巾だ。目の部分以外を全部隠してしまう忍び頭巾の意味は、どこにあるのか。また、忍者の下着も、ちょっと変わっている。

●頭髪は、その人を顕す

現代は、正体を隠したい場合、顔を隠す。もちろん、目出し帽のように目などを除いてほとんどの部分を隠してしまうものもある。だが、髪の毛は出したままですませる覆面も多い。

しかし、戦国から江戸時代では、そうはいかなかった。と言うのも、当時は、身分や職業ごとに髪型が決まっていた。しかも、男性の場合は月代（頭のてっぺんの剃った部分）があるので、髪型を変えてごまかすのも難しい。そのため、頭の形を見られると、身分と職業がばれてしまう。つまり、ほとんど正体がばれたも同じなのだ。

もちろん、顔を見られるとまずいのは、当然のことだ。

このため、忍び頭巾のような、顔と頭の両方を隠すものが必要となった。

この忍び頭巾だが、様々な付け方がある。これらは、どれが間違いということはなく、それぞれがそれぞれのやり方をしているのであって、どれも正しい。

忍者も人間なので、当然下着を着けている。しかし、その仕事を考えると、下着にも条件がかかる。動きやすいこと、何かに引っかかったりしないこと、かさばらないこと、この3つが必要条件となる。

その意味では、いわゆる六尺褌（1尺≒38cmの鯨尺を使用するので約228cmもある）は、かさばる。また、越中褌はひらひらした布が引っかかる可能性がある。畚褌は優れているが、歌舞伎の女形の着ているものなので、見えた時に、特殊であることがばれてしまう。

そこで、忍者は特有の褌を着ていたとされる。長めの越中褌の両側に紐が付いている。普段は、片方の紐を外しておけば、少し長めの越中褌に見えるので、宿に泊まった時なども問題がないのだ。

忍び頭巾の付け方

> 当時は、身分や職業ごとに髪型が決まっていた。

> 正体を隠すには顔と頭の両方を隠す必要がある！

> 忍び頭巾で顔と頭を隠す！

〈忍び頭巾の付け方の一例〉

① 手拭いで口を覆う。
② 広げた御高祖頭巾を額に当てて、紐を頭の後ろでくくる。
③ 頭巾を後ろに回して、左右の端をあごの下で交差する。
④ 端を後ろに回して結ぶ。

忍者の下着

忍者の下着の条件	1.動きやすい　2.引っかからない　3.かさばらない

六尺褌
→かさばるので×

越中褌
→引っかかるので×

畚褌
→特殊性があるので×

2m以上ある！

片側は垂らすだけ。

歌舞伎の女形が着用。

特有の褌を着用！

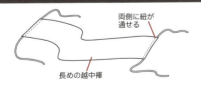

両側に紐が通せる

長めの越中褌

・片側の紐を外しておけば長めの越中褌に見える。
・紐を通して首にかければ、引っかからない（右図）。

関連項目

●忍者装束→No.032

No.034
棒手裏剣
Straight Ninja Star

忍者の武器と言えば手裏剣だが、手裏剣には大きく分けて、棒手裏剣と車剣の2つがある。有名なのは星形だが、利用率が高かったのは、棒手裏剣だ。

●安くて便利な棒手裏剣

　棒手裏剣とは、その名の通り、まっすぐな棒状の手裏剣だ。創作の忍者が使っている例は少ないが（漫画とかだと、棒手裏剣ではなく短剣を投げているように誤って描かれることもある）、実のところ、**車剣**よりも広く使用されていた。その理由は幾つかある。

　最大の理由は、安いことだ。忍者は貧乏だ。そして、車剣のような細かい細工物は当然高価だ。投げてなくなる可能性の高い手裏剣に、そんな高価なものはそうそう使えないのだ。

　次に、邪魔になりにくいことが挙げられる。車剣は、その形からして、どうしてもかさばる。しかも、周囲が全てトゲトゲなので、収納場所にも困る。それに比べて、棒手裏剣は、基本的に1本の棒なので、収納場所に困らない。

　また、棒手裏剣は、その名の通り、形としては先の鋭い鉄棒だ。この形なら、手に持って刺すとか、楔（くさび）代わりに差し込むといった、手裏剣以外の使用もできる。それこそ、左手の前腕の外側に差しておくと、出し入れしやすい上に、籠手代わりにもなる。

　そして何より重要な点として、棒手裏剣は車剣よりも威力が大きい。手裏剣の重量が刃の1点にかかるため、敵により深く刺さる。つまり、ちゃんと刃の側が命中すれば、車剣よりもダメージが大きい。

　もちろん、欠点もある。棒手裏剣の刃は、片方の先にしかないので、その部分が敵に当たらない限り、単なる棒が当たっただけになってしまう。つまり、投法に技量が必要となる。しかし、安く威力のある棒手裏剣を使うために、忍者は技量を高めた。また、刃のある方が前になって飛ぶように、形も工夫している。

棒手裏剣のいろいろ

| 棒手裏剣とは | まっすぐな棒状の手裏剣。忍者に広く使用されていた。 |

棒手裏剣のメリット
・安い
・邪魔にならない
・使い回しが効く
・威力が大きい

棒手裏剣のデメリット
・投法に技量が必要

〈棒手裏剣の例〉

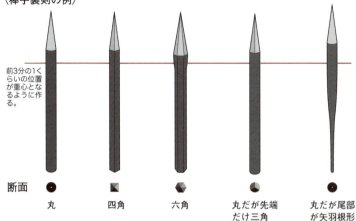

前3分の1くらいの位置が重心となるように作る。

断面　丸　四角　六角　丸だが先端だけ三角　丸だが尾部が矢羽根形

棒手裏剣の仕舞い場所

棒手裏剣は**左手前腕に仕舞う**！

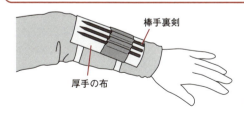

棒手裏剣
厚手の布

投げる時は、取り出してすぐに使える。棒手裏剣が差してある状態なら、左手の防具としても役に立つ。

関連項目

●車剣→No.035

No.035
車剣
Ninja Star

忍者のシンボルとも言える車剣。その形は、様々だ。これは、無数の忍者たちが、少しでも投げやすく、敵に命中しやすく、ダメージが大きくなるように工夫を重ねた結果だ。

●黒い手裏剣

　手裏剣は、**棒手裏剣**も含めて、全て黒い。これは、焼き入れして熱い手裏剣に、絹布をかけて炭をこびり付かせることで作っている。これによって、目立たず、錆びない手裏剣ができるのだ。さらに、手裏剣に毒を塗ったりする場合でも、単なる鉄よりも毒が表面に付きやすい。

　実は、流体力学的に言うと、すべすべした鉄表面よりも、ざらざらした手裏剣の方が、空気抵抗が少ない。そのため、速度が落ちにくく、遠くまで飛ばせる。もちろん、忍者が流体力学を知っていたはずはないが、経験的に表面がざらざらしたものの方が、遠くまで飛ばしやすいことを知っていたのかもしれない。

　車剣の利点と欠点は、棒手裏剣の裏返しだ。どの部分が当たっても敵にダメージを与えられるが、携帯性に欠け、高価で、ダメージも少ない。

　この問題を一部解決したのが、折りたたみ十字手裏剣だ。たたむと、1本になるので、携帯性が高い。ただ、工作が必要になるため、さらに高価になってしまう。

　また、車剣を2つ組み合わせた鉄鞠（てつまり）というものもある。それこそ、どこに当たってもダメージを与えられる便利なものだが、さらに携帯性に欠け、より高価であり、滅多に使われることはなかった。

　車剣の先端部は、刺さりやすいようにスムーズになっているものの他に、返しが付いているものもある。返しがあると、抜けにくい上に、無理に抜くと傷口が大きく開く。抜かないでいると行動を阻害するし、抜くと傷が開くため、敵にとっては大変面倒なものだ。ただ、車剣の威力では、返しが有効になるほど深く刺さることはあまりないこと、返しを作る工作が面倒で高価になることから、それほど一般的ではなかった。

手裏剣のいろいろ

| 車剣とは | 平らで、周囲に刃を巡らせたもの。エンタテインメントでは多用される。 |

車剣のメリット
・投法にあまり技量を必要としない

車剣のデメリット
・携帯性に欠ける
・高価
・ダメージが少ない

〈車剣の例〉

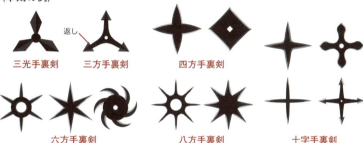

三光手裏剣　　返し　三方手裏剣　　　　四方手裏剣

六方手裏剣　　　　　八方手裏剣　　　　十字手裏剣

卍手裏剣　　　星形手裏剣

特殊な車剣

折りたたみ十字手裏剣
・たたむと1本になる手裏剣。
・携帯性に優れるが、高価。

てつまり
鉄鞠
・車剣を2つ組み合わせた手裏剣。
・どこに当たってもダメージを与えられる。
・携帯性に欠け、高価。滅多に使われることはなかった。

関連項目
●棒手裏剣→No.034

No.036
忍び刀
Ninja Sword

忍者の刀には、「武士の魂」のような精神性はない。単なるツールにすぎない。しかし、刀を単なる道具として見ることこそ、本当の忍者の凄味なのだ。

●短くまっすぐな忍者刀

　忍者の使う刀を忍び刀という。アニメやコミックのイメージとは違い、忍者は戦闘のプロではない。正面から戦えば、武士には勝てない。そのため、忍び刀は、純粋戦闘用から戦闘にも使える道具へと変化していった。

　まず、短い。刃渡り40〜50cmくらいしかない。通常の打刀が刃渡り70cmほどあるのに比べ、とても短い。中くらいの脇差くらいだ。

　これは、忍者の主任務が戦うことではないからだ。忍者の主任務は**情報収集**であって、戦うことなく情報を集められれば、それに越したことはない。逃げられるものなら、逃げてしまって構わないのだ。

　忍び刀は、やむを得ず戦う時のためにあり、普段邪魔にならず、逃げる時の負担にならないように、短く軽く作られている。

　もう一つの特徴は、日本刀特有の反りが少なく、ほとんどまっすぐだというところだ。反りがない刀は、人を斬るという用途にとっては不利だ。しかし、邪魔にならないツールとしては、まっすぐな方が都合が良い。

　柄は、水に濡れても痛まず滑らないように、漆を塗って滑り止めの紐を巻いてある。目立ってはいけないので、暗い色でつや消しで作ってある。

　鞘も同様だが、さらに鐺を外せば筒になっており、シュノーケル代わりに使える。

　鐺は、地面に突き立てやすいように、金属製で尖っている。

　下緒（鞘に付けてある紐）は、やはり目立たず暗い色にするが、通常の刀よりかなり長く作ってある。これは、**下緒七術**という様々な使い方をするため、長い方が都合が良いからだ。

　忍び刀の戦闘力は、いざという時の保険であり、基本は忍者は戦闘を避け、逃げられるなら逃げるのが基本なのだ。

忍び刀の各部

| 忍び刀とは | 忍者が使うために、普通の刀が少しずつ変化していったもの。戦うこともできる道具といった位置づけにある。 |

〈通常の刀（打刀）〉

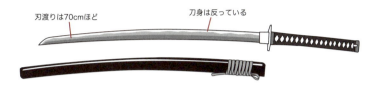

刃渡りは70cmほど　　刀身は反っている

〈忍び刀〉

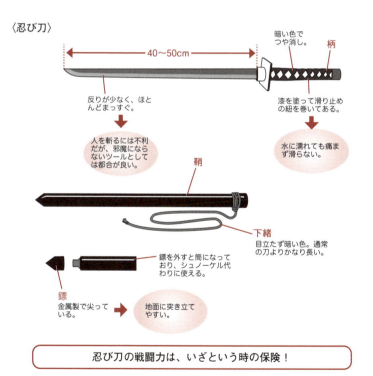

40～50cm

暗い色でつや消し。　**柄**

反りが少なく、ほとんどまっすぐ。

漆を塗って滑り止めの紐を巻いてある。

人を斬るには不利だが、邪魔にならないツールとしては都合が良い。

水に濡れても痛まず滑らない。

鞘

下緒
目立たず暗い色。通常の刀よりかなり長い。

鏢を外すと筒になっており、シュノーケル代わりに使える。

鏢
金属製で尖っている。 ➡ 地面に突き立てやすい。

忍び刀の戦闘力は、いざという時の保険！

関連項目
- 忍者の任務　情報収集→No.002
- 下緒七術　吊り刀→No.060
- 下緒七術→No.061

No.037
忍びの六具
Six Tools for Ninja

忍者が戦闘者ではなく、遠隔地の調査員であることは、この忍びの六具からもうかがえる。何しろ、重要とされる道具の中に、戦闘用品が一つも入っていないのだ。

●無事これ名馬

　忍者は、多くの場合1人で、遠く離れた土地へ行き、そこを調査して戻ってくる。とてもじゃないが、戦ってなどいられない。敵地で戦うことになれば、仮に最初の敵は倒せたとしても、次々と敵が現れ、こちらは1人なので、いずれは捕まるか殺されてしまう。

　また、病に倒れたりしても誰も面倒を見てくれる人はいない。自力で何とかするしかない。

　つまり、忍者は、何事もなく出かけて、何のトラブルもなく平穏無事に帰ってくることこそ、最も重要な仕事だった。「無事これ名馬」ということわざは、まさに忍者のためにあるような言葉だ。

　忍びの六具は、そのような用途を考えて、忍者が無事に行き帰りできるように最低限の道具として挙げられたものだ。

　顔を隠すための笠。これは、敵に見破られないための道具だ。

　打鉤(うちかぎ)は、敵地に潜入する場合に、最も汎用性が高い道具として、常に持ち歩くべきものとして挙げられている。また、鉤を外してロープとすれば、これまた何十通りもの使い道が考えられる。

　石筆(せきひつ)は、調査のために出かける忍者なら、筆記具は当然であり、また、城壁などにも書けるので、後で来る味方忍者への印にもなる。

　薬は、いざという時の備えであるとともに、敵を眠らせたり殺したりする、戦闘力の低い忍者向けの武器だ。

　三尺手拭いは、覆面から、水濾し、包帯代わりにも使え、汎用性の高い布だ。

　そして最後に火の保存用品。寒い時には、わずかでも暖房にもなったかもしれない。

忍者の必需品

| 忍びの六具とは | 忍者が無事に行き帰りできるように最低限の道具として挙げられたもの。 |

天蓋

浪人笠

編み笠
顔を隠せるし、こちらからは相手がよく見える。様々な編み笠があるが、虚無僧が被る天蓋や、浪人笠は、完全に顔が隠れるので、よく忍者の変装に用いられた。

石筆（せきひつ）
蝋石とも言う。石版などを用いて記録するのに使う。また、城壁やその辺の岩などに印を付けるのにも使える。

ロープ／鈎

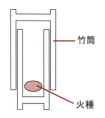
竹筒／火種

打鉤
ロープの先に、鉤を付けたもの。上り下りに使うのは当然として、ロープとして人間を縛るのに使えるし、扉をくくって締めておくのにも使える。可能ならば、細くて丈夫な方が、持ち歩きに便利で長く使える。

打竹
太さの違う竹の筒を重ねたもの。中に火種を入れておく。こうすることで、緊急時にいちいち火打ち石を使わなくてすむ。そもそも、火打ち石は音がするので問題がある。灯りを点ける時、放火など、様々な用途に使う。

薬
腹痛の薬が一番だが、傷薬・虫さされの薬・解毒剤から、眠り薬・毒薬まで。病気やけがで活動できないのが、一番問題だからだ。

三尺手拭い
・はちまきのように頭に巻いて汗を拭うのは当然だが、顔をくるんで覆面代わりにも使える。帯に足して長さを増やし、塀を乗り越えるのにも使う。

・濁り水を飲まなければならない時に、水を濾すのにも使える。

・流派によっては、帯の下に入れて二重帯と称するが、伊賀では襟に折って入れておく。

関連項目

●火器→No.041　　●忍薬→No.051

No.038
撒菱
Makibishi

忍者が足止めに使う撒菱は、その名の通り菱の実、またはそれを模して作ったものだ。正確には、鬼菱もしくは姫菱の実が使用され、通常の菱の実は使用されない。

●罠としての撒菱

　忍者ものの創作では、逃げる忍者が自分の背後に撒菱を投げ、それを追っ手が踏み抜いて苦しむというシーンをしばしば見かける。だが、そもそも撒菱とは何だろうか。

　撒菱は、小さくて、周囲全てに尖った部分があるため、地面に撒けば必ず尖った部分が上を向くようになっている。しかし、こんなもので、足止めになるのだろうか。それは、当時の足下を考えれば理解できる。

　当時の履物は、草鞋が普通だった。現代のようなゴム底の靴はない。繊維を編んだだけの足の裏は、隙間が開いているので、尖ったものは隙間を広げて足の裏に直接刺さってしまう。撒菱は、当時の履物事情に合わせた足止め道具だった。

　ただし、撒菱と言いつつ、通常の菱の実は撒菱に使われなかった。通常の菱の実は、トゲが2ヶ所しかなく、撒いた時に必ずしもトゲが上を向いていないからだ。その点、鬼菱や姫菱は、トゲが4ヶ所あり、ほとんどの場合トゲが上を向いている。

　この鬼菱や姫菱からヒントを得て、堅い木を四面体に切った木菱や、鉄を四方にトゲ（返しが付いていることも多い）を付けた鉄菱などが作られた。この中で、創作でおなじみなのが鉄菱であるが、使い捨ての道具のくせに、重く高価なため、ほとんど使われなかったと考えられている。

　撒菱は、通常竹の筒に入れて持ち歩いたと言われているが、そのままでは動く度にカラカラと音がしてしまうので、布か何かにくるんだ上で、竹筒に入れたと思われる。

　菱の実は栄養もあるので、いざという時には中身を食べたとも言われるが、あまりに少量なので、眉唾だろう。

撒菱に使われたもの

| 撒菱とは | 忍者が足止めに使う道具。菱(ひし)の実、またはそれを模して作ったものが使われた。 |

撒菱にするには…
撒いた時にトゲが上を向いていないとダメ！

周囲全てに尖った部分が必要。

鬼菱の実　　　　　　　姫菱の実

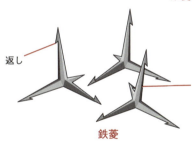

返し

鉄菱

鉄で作り、四方にトゲを付けたもの。重く高価なため、ほとんど使われなかったと考えられている。

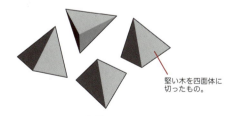

木菱

堅い木を四面体に切ったもの。

関連項目

●撒菱退き→No.073

No.038
第2章●忍者道具

No.039

旅弓
りょきゅう

Ryokyu

銃が発達する以前は、弓こそが最も敵を殺し、敵軍を破る決定的な武器だった。もちろん、忍者も弓を使ったが、忍者にとっては弓は大きすぎる武器だった。

●忍者の小さな弓

　和弓を見たことがある人は、その大きさに驚くだろう。一般に大弓とも呼ばれ、7尺3寸（221cm）もあり、隠して持ち歩くことなど絶対に不可能だ（世界的に見ても、最大級の弓だ）。

　このため、忍者は半弓を使う。と言っても、半弓は6尺3寸（191cm）以下の弓のことで、大きい半弓はかなり大きい。忍者の使う半弓は3尺3寸（100cm）くらいの本当に小さなものだ。

　しかし、それでも大きすぎると考える忍者もいる。それは当然で、1mもある弓を持ち歩いている町民や農民がいれば、十分に不審者だ。弓を持ち歩く場合、狩人などに扮することはあったようだが、山中などならまだしも、弓を持って町中を歩いていたらやはり疑わしい。

　そこで作られたのが、旅弓だ。半弓を半分に切って、外側を蝶番でつないだものだ。こうすることで、長さを半分にできる。合羽のような上着なら、中に隠しておくこともできた。

　もちろん、威力は通常の半弓よりもさらに低下し、射程も短くなったが、携帯性を優先したのだろう。

　たたむ時は、弦を外して折りたたむ。そして、使う時に弦を張る。と言っても、和弓は、普段は弦を外しておくものなので、通常の弓と変わりはない。

　弓使いは、当然矢の用意も必要だ。しかし、矢筒を抱えて歩くのも、私は弓を用意していますと言わんばかりで、やはり困る。

　そこで、菅笠の裏に放射状に矢を配する。こうすれば、必要な時に取り出すのも早いし、笠の裏なので見えにくい。またちらっと見えても、笠の籤に見間違えやすい。

忍者の使う弓

普通の弓は隠せないので、忍者は半弓を使う。

| 半弓とは | 6尺3寸（191cm）以下の弓のこと。忍者の使う半弓は3尺3寸（100cm）くらいの小さなもの。 |

↓

それでも町中で持っているのは不自然。

↓

旅弓を使う！

| 旅弓とは | 半弓を半分に切って、外側を蝶番でつないだもの。合羽のような上着なら、中に隠しておくこともできた。 |

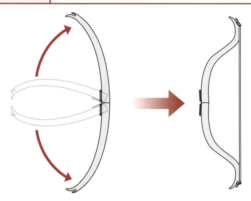

矢の隠し方

弓には矢が必要！

↓

矢筒を持っているのも不自然。

↓

笠の裏に隠そう！

菅笠の裏に放射状に矢を配する。必要な時に取り出すのも早いし、笠の裏なので見えにくい。また少し見えても、笠のひごに見間違えやすい。

No.040
木砲・紙砲・皮砲
Wooden Cannon & Paper Cannon, Leather Cannon

大砲と言えば、鉄製と考えるのが普通だ。しかし、歴史においては、金属以外の砲も存在した。そんなものが、実際の役に立ったのだろうか。

●弾が出さえすれば砲

　大砲とは、火薬の反動で砲弾を撃ち出すものを言う。つまり、砲の材質は何でも良い。ただ、通常は砲の重量や命数（何回まで砲弾を発射できるか）、命中精度や工作のしやすさなどを考えて、青銅から鉄、さらに鋼へと進歩してきた。

　しかし、条件によっては、これ以外の砲も作られた。それが、木砲・紙砲だ。木砲は、ヨーロッパでも、金属製の砲を工作するのが大変だった時期、一時的に使用されたことがある。

　忍者が木砲（と言っても、大砲ほど大きくなく、火縄銃程度のものだ）を使うのは、そのコストによる。忍者は、逃げるのが仕事だ。そのため、砲を持って行っても、その場に捨てていくしかない場合が多い。そんな用途に、高価な金属製の火縄銃を用意するのは、金がかかりすぎる。

　どうせ、1〜2回しか撃たないのだから、耐久性など無視できる。弱装（火薬の量を減らすこと）にして、ショットガンのように鉄片や小石（隙間から空気が漏れるので、砲が壊れにくい）を弾丸代わりに詰める。破片がたくさん飛べば、命中精度が低くても、かすり傷でも受けてくれるかもしれない。そして、大きな銃声がするのだから、追っ手は本物の銃で狙われていると考えて行動するしかない。

　さらに、放置して敵に鹵獲されたとしても、木砲ではすぐに壊れ、敵が使うことはできない。その意味で、気兼ねなく捨てられる便利な武器として使用されたらしい。

　紙砲は、木砲と同様に、紙を巻いて漆を塗り、筒状にしたものだ。皮砲も、皮を丸め（鉄棒の周囲に巻き付けて）、漆で固めたものだ。どちらも、木砲程度の耐久性はあったと言われている。

使い捨ての砲

| 木砲とは | 木で作った大砲のこと。耐久性は低いがコストも低い。 |

〈忍者が木砲を使う理由〉
- 逃げる際に捨てていっても惜しくない。
- 1〜2回しか撃たないのだから、耐久性など無視できる。
- 放置して敵に鹵獲されたとしても、木砲ではすぐに壊れ、敵が使うことはできない。

忍者にとっては気兼ねなく捨てられる便利な武器！

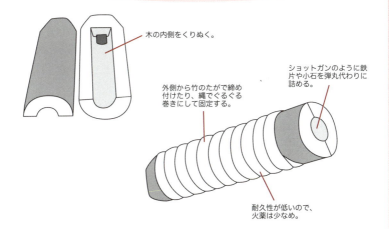

- 木の内側をくりぬく。
- 外側から竹のたがで締め付けたり、縄でぐるぐる巻きにして固定する。
- ショットガンのように鉄片や小石を弾丸代わりに詰める。
- 耐久性が低いので、火薬は少なめ。

| 紙砲とは | 紙を巻いて漆を塗り、筒状にした砲。 |

| 皮砲とは | 皮を鉄棒の周囲に巻き付けて丸め、漆で固めた砲。 |

どちらも木砲程度の耐久性はあった。

No.041
火器
Fire Tools

火器と言っても銃のことではない。火を使う道具は、全て火器と言う。灯りも、火器の一種だ。他にも、放火の道具、合図の煙を上げる道具などが火器に入る。

●下策と言うが

『孫子』では、火攻めは下策と言う。確かに、破壊力の高すぎる火攻めは、効果こそ高いものの、やられた側の恨みが大きく損になることも多いことから下策とされる。

しかし、直接戦闘力の高くない忍者としては、間接的攻撃力である火攻め・毒薬などを主体とせざるを得ない。武器を持って正面から戦う限り、忍者は武士には勝てないからだ。このため、数多くの火器が考案されてきた。

忍術秘伝書の総覧とも言える『萬川集海（ばんせんしゅうかい）』では、破壊用火器91種、狼煙用火器13種、灯り用火器106種、薬物3種の、213種類もの火器が紹介されているほどだ。これは、水器、開器（かいき）など、他の道具全ての合計よりも多い。つまり、それだけ様々な火器を作らなくては忍者としてやっていけなかったということだ。

破壊用と言っても、何かを壊す炸薬や爆薬だけではない。放火薬は、その名の通り、放火の時に木材などに火を点けやすくする。発射薬は、何かを飛ばすロケット燃料だ。ロケットは、古くは中国で紀元前ころから存在しており、日本でも早くから知られている。点火薬は、導火線などに使って何かに火を点ける道具だ。これら全てが、破壊用火薬に分類される。

狼煙とは、炎や煙によって遠距離の味方に合図を送ることを言う。そして、狼煙用火薬も大きく2種に分かれる。昼用の煙を上げるものと、夜用の花火を上げるものだ。

他にも暖房用、種火用、悪臭や毒ガス発生用など、様々な火器が考案され、使用された。いずれも、忍者の工夫の積み重ねによるものだ。

いろいろな火器

| 火器とは | 火を使う道具は、全て火器という。 |

〈忍者の使う様々な火器〉

破壊用	炸薬や爆薬の他に火を点けやすくする放火薬、何かを飛ばすための発射薬、導火線に火を点ける点火薬など様々。
狼煙用	狼煙用火薬は昼用の煙を上げるものと、夜用の花火を上げるものに分かれる。
灯り用	光源の他に暖房用や種火用など。
薬物用	悪臭や毒ガス発生用など。

〈火器の例〉

鉄砲生捕火

| 使用法 | 鉄砲の弾の代わりに使う。これに命中すると、死なずに行動不能になるので、簡単に生け捕りにできる。 |

- 綿を丸めて弾と同じ大きさにし、細い糸で巻く。
- 水に漬け、蕃椒(とうがらし)の粉をよくまぶす。

夜討天文火

| 使用法 | 夜討ちの時に、火矢として使って敵の天幕や食糧などに放火する。 |

- 袋には硝石、硫黄、竜脳(ボルネオ樟脳とも言う)、古酒、艾をゆでた汁を混ぜて粉にしたものが入っている。
- 矢の先が袋になっていて、底に火を付けて素早く射る。

大村雨

| 使用法 | 狼煙に使う。 |

- 竹筒には硝石、硫黄、樟脳、炭、鼠糞、艾、松挽粉、麻布の粉を入れて導火線を付ける。
- 導火線に火を点けて射ると、煙を出して飛んでいく。
- 矢の先に細い竹筒が付いている。

付木火(つけぎび)

| 使用法 | 着火に使う。 |
| 作成法 | 樟脳、硫黄、硝石を糊で練って、紙に塗りつけて2枚を貼り合わせる。この紙を、適当な大きさに切って張れば、木に放火する時にすぐに燃える。 |

関連項目

- 忍術秘伝書→No.053
- 萬川集海→No.054

No.042
灯り
Light

忍者と言えども、真の暗闇の中では何も見えない。どうしても、何らかの灯りを用意しなければならない。では、忍者の使う灯りとはいかなるものだろうか。

●使いやすさが一番

忍者が使う灯りと言っても、幾つかの場合がある。

忍者であることを隠して行動する場合、当然のことながらその灯りは普通のものでなければならないから、特に考える必要はない。

問題は、忍者として行動する場合だ。

まず重要なのは、灯りを点けたり消したりする場合の簡便性だ。当時の灯りは、懐中電灯と違って、いちいち火を灯さなければいけないが、それでは点火するのに時間がかかってしまう。また、火打ち石などを使っていたら、音が響いて居場所がばれてしまう。

そこで、いちいち点火しなくても、外から灯りが見えないようにする灯りを作った。『萬川集海』には強盗提灯や入子火といったギミックのある灯りが紹介されている。

もちろん、点火しやすいことも重要なポイントの一つだ。何度も何度も火打ち石を打ち付けなければならないようでは、無駄に時間が経過してしまう。

もう一つのポイントが、持続性だ。当時の灯りは炎なので、風や雨で消えてしまう。暗闇で火が消えてしまったりしては、立ち往生することになるので、風雨で消えにくい火が必要になる。消えにくい火薬を作るために、忍者は様々な薬品やそれ以外のものを加えた火薬を作り、秘伝として残してきた。その数は、かがり火用17種、松明用58種、懐中火用28種、ロウソク3種もある。

ただし、その中には、有効そうなものもあれば、首を捻りたくなるものもある。例えば、義経流忍術の秘伝として義経の名が付けられた灯りが幾つかあるが、今の目で見ると、効果が眉唾なものある。

強盗提灯と入子火

〈忍者の灯りの条件〉・点けたり消したりする場合の簡便性
　　　　　　　　　・持続性

強盗提灯

一方向にのみ光を向ける道具の一つ。現在の懐中電灯よりも遙かに暗いが、暗闇に目が慣れている当時の人々にとっては、有効な灯りだったようだ。

入子火

こちらも、光を一方向にのみ向ける灯り。強盗提灯よりも小さいので、さらに暗かったと考えられる。

- 光源のロウソク
- 灯りを見えなくしたい場合は、下に向けて伏せておけば、ほとんど光は漏れない。
- ロウソク台は羅針盤と同じ仕組み。どちらの方向を向いても、ロウソクが垂直になるようにできている。
- 光源のロウソク
- 普段はたたんでコンパクトに、伸ばすと長く延びる。
- 銅の器（外側）
- 銅の器（内側）

義経流のちょっと怪しい灯り

義経水炬火（こか）

作成法	樟脳、硫黄、硝石、艾、松挽粉を粉にして練って作る。
性能	水に濡れても火が消えない。
実際は…	火薬と同様の成分なので、多少の水に耐えるかもしれない。

義経明松

作成法	水牛の角の内側を削って、中が透けて見えるほどにする。鴇の羽根の茎の中をすきとり、角の中に差し込んで、隙間を漆で水が漏れないようにする。汞（みずがね。水銀の滓）を角の中に盃1杯分入れる。
性能	闇夜でも月夜のように明るい。
実際は…	これで灯になるようには思えない。水銀で灯を灯すには、水銀灯のようにアーク放電を使う必要がある。

義経陣中雨火炬（たいまつ）

作成法	硝石、硫黄、灰、樟脳、艾、松挽粉を粉にして麻油（麻の実から取る油）で練り、長さ1尺ほどの木綿に延ばし付ける。麻殻（皮をはいだ麻の茎）に木綿を巻き、葛の蔓で結び、さらに竹すだれで巻く。
性能	雨中でも使える。
実際は…	多少の水に耐えるかもしれない。

関連項目

- 萬川集海→No.054

No.043
結梯
むすびばしご

Musubi-bashigo

忍者は、登るのが商売の一つだ。町中なら、屋敷の塀や家の屋根。城砦なら、石垣や土塁、城壁。山野なら、木や崖、滝や大岩など。登ったり降りたりは、忍者の日常とも言えるだろう。

●リアルな忍者の登坂道具

アニメやコミックの忍者ならともかく、本物の忍者が、ひとっ飛びで屋根の上に飛び上がったりできるはずがない。そのために、様々な登器（とうき）を使用している。

ただし、忍者が登るのは、敵対勢力の支配地であり、そんなところに梯子を担いでやって来たら、怪しんでくださいと言うようなものだ。

そのため、その場で、その場にあるものを利用して、梯子を即席にでっち上げることが必要になる。幸いにして、日本には梯子にぴったりの、軽くて丈夫で細長い素材、竹が存在していた。しかも、節があるので、横桟（よこさん）を取り付けやすい。それが結梯（むすびばしご）だ。

結梯が、普通の梯子と違うのは、2点。一つは、2本の竹の間隔が6〜8寸（18〜24cm）ほどしかないこと。こうすれば、横桟を30cmほどにできるので、桟をまとめておけば、薪を運んでいるように見える。そして、2本の竹を物干しのように担げば、それほど違和感がない。

もう一つは、竹の端を布などでくるんであること。これは、立てかけた時に、音がしないようにするためだ。

竹が1本しか用意できない場合は、飛梯（とびばしご）を作る。これでも、しっかり結んでおけば、問題なく登ることができる。

竹が用意できなかった、もしくは持ち歩けなかった場合、縄に横桟だけ付けて、巻梯（まきばしご）を作る。これでも、先をうまく引っかけられれば、十分に役に立つ。問題は、どうやって先に引っかけるかだが、登りのうまい者が先に登り、後の者に垂らしてやったのだと思われる。

巻梯にフックを付けた鉤梯（かぎばしご）もあるが、どうしても引っかける時に音がしてしまう。その意味で、あまり使い道はなかったと思われる。

梯子のいろいろ

忍者も時には梯子が必要…

竹がある！ ➡ 結梯を作ろう！

| 結梯とは | 2本の竹に横桟を取り付けた梯子。 |

〈結梯の特徴〉
・2本の竹の間隔が6〜8寸（18〜24cm）ほどしかない。
・竹の端を布などでくるんである。

竹が1本しかない！ ➡ 飛梯を作ろう！

| 飛梯とは | 1本の竹に横桟を取り付けた梯子。 |

竹がない！ ➡ 巻梯を作ろう！

| 巻梯とは | 縄に横桟だけで作った梯子。 |

登りのうまい者が先に登り、後の者に垂らしてやったと思われる。

かぎばしご
巻梯にフックを付けた鉤梯。引っかける時に音がしてしまうので、あまり使い道はなかったと思われる。

No.043 第2章●忍者道具

No.044
忍び杖
Ninja Staff

例え、わずかな時間でも梯子を持って歩くところを見られたくない。もしくは、結梯を用意する時間がもったいない。こんな場合に使われるのが、忍び杖だ。

●杖なのに梯子

忍び杖は、一見すると普通の杖と変わらない。材質は、竹のことが多いが、木の杖である場合もある。長さは、一般に5尺（150cm）くらいだが、もう少し長いものもある。

普通の杖と異なる点は、所々に紐を通せるほどの穴が開いている点だ。穴の間隔は、6～7寸（18～21cm）ほどだ。

もう一つの違いは、石突き（杖の先端）を鉄にして、多少尖り気味に作ってあることだ。

使う時には、穴に50cmくらいの紐を通して輪にしておく。

使い方は2つある。

一つは、石突きを地面に突き刺し、壁に立てかける。そして、輪に足を通して、壁を登るのだ。

もう一つは、一番上の穴には、紐ではなく鉤を引っかける。そして、鉤を登りたい屋根の端っこなどに引っかける。後は、輪を手で握って、よじ登るのだ。

いずれにせよ、この方法で登れるのは、せいぜい1丈（3m）くらいまでだ。逆に言えば、忍者が、1丈の高さに飛び上がれないからこそ、このような道具が発達したと考えられる。残念ながら、高いところへひと飛びで飛び上がる忍者は、あくまで創作だけということだ。

高いところに登る時は、忍者ものの創作などでもおなじみの打鉤（うちかぎ）も使われた。紐の長さは1丈5尺（4.5m）ほど。通常の屋敷や城ならば、この紐の長さで十分なのだ。ただ、引っかかる時に音がするのが問題だ。先端の鉤は、こんな形を作るのは不可能なので、4つの鉤を作って、それを鉄の輪で締めて作成した。

忍び杖と使い方

| 忍び杖とは | 一見すると普通の杖と変わらないが、縄を通せば梯子になる杖。 |

〈忍び杖の特徴〉

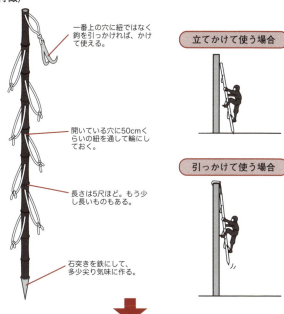

- 一番上の穴に紐ではなく鉤を引っかければ、かけて使える。
- 開いている穴に50cmくらいの紐を通して輪にしておく。
- 長さは5尺ほど。もう少し長いものもある。
- 石突きを鉄にして、多少尖り気味に作る。

立てかけて使う場合

引っかけて使う場合

この道具で上れるのはせいぜい3mほど。
それより高いところに登る時には、打鉤も使われた。

| 打鉤とは | 縄の先に鉤を付けた登器。高いところによじ登るために使う。 |

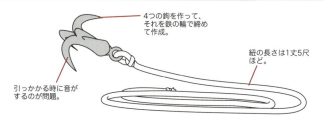

- 4つの鉤を作って、それを鉄の輪で締めて作成。
- 紐の長さは1丈5尺ほど。
- 引っかかる時に音がするのが問題。

No.045
甕筏
Pot Raft

川を渡る時、忍者はどうしたか。重要なのは、衣類を濡らすわけにはいかないという点だ。なぜなら、濡れ鼠で歩いていたら、不審に思われて、間諜であることがばれてしまうかもしれないからだ。

● ありふれた品で作る

　忍者は、身軽にしておく必要がある。そのため、可能な限り、その場で簡単に手に入る品物を利用して、任務を遂行する。もちろん、これは、忍び仕事に必要な費用を安くすませるという意味で、忍者の懐にも優しい方法だ。

　甕筏は、その典型だ。川を渡るための筏で、作成に必要なものは、水甕などを数口、木か竹の棒（槍でも良い）を十数本、後は紐だけだ。

　甕は、様々な大きさのものがあった。現代では、そんな甕など探すのに苦労するだろう。しかし、冷蔵庫も水道もない戦国から江戸時代にかけて、甕は水や味噌、漬物などを入れる器としてどこの家にでも必ずあるものだった。つまり、その辺の農家数軒に忍び込めば、手に入る。こんなものにバリエーションなどないから、近所の家にある甕は、どれもほとんど同じもののはずで、工作には都合が良い。

　甕がない場合、桶や釜などを使うこともできる。木の臼も浮力として使うことが可能だ。

　棒は、その辺の林か竹藪に行けば手に入るし、戦場跡なら槍の数本くらい落ちている。

　つまり、忍者が用意しておくのは、紐だけだ。紐だけはかなりの長さが必要で、それを適当な長さに切って使う。紐は多用途に使えるので、忍者なら常に持ち歩いているべきものだ。

　後は、棒を格子状に組み上げ、その格子に甕をはめ込んでくくり付ける。甕に水が入らない限り、浮力で浮いていられる。100cmの甕なら、1口で忍者1人分の浮力は得られるから、ひっくり返らないように4口もあれば十分2〜3人の忍者が乗って川を渡れるだろう。

忍者の即席筏

No.045 第2章●忍者道具

| 甕筏とは | 棒に甕をくくり付けた筏。 |

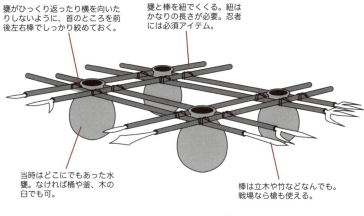

甕がひっくり返ったり横を向いたりしないように、首のところを前後左右棒でしっかり絞めておく。

甕と棒を紐でくくる。紐はかなりの長さが必要。忍者には必須アイテム。

当時はどこにでもあった水甕。なければ桶や釜、木の臼でも可。

棒は立木や竹などなんでも。戦場なら槍も使える。

甕の大きさと忍者の人数によって、必要な個数は変化する。100cmの甕なら、1口で忍者1人分の浮力は得られる。30cmくらいなら4〜5個は必要だろう。

No.046

水蜘蛛
みずぐも

Mizugumo

水蜘蛛は、忍術秘伝書にある水上を歩く道具だ。これを足に付ければ、水の上を歩いて渡れるという。忍者の道具の中には、眉唾なものも存在するが、その代表とも言えるポンコツだ。

●後世の贋作

　水蜘蛛で水上を歩くためには、その浮力で、人間の全体重を支えなければならない。当時の平均身長（男性で160cmくらい）を基準にして、おおよそ体重を50kgと考えてみよう。

　浮力計算をしてみよう。軽い木（通常の木は、1立方cmあたり0.5gほどだが、桐は非常に軽く0.31g）と水（1立方cmあたり1g）の質量差だけ、重さを支える力を持つ。つまり、桐の木1立方cmあたり、0.69gの重さを支えられる。

　人間を支えるためには、50kg÷0.69g＝72464立方cmの桐の木が必要となる。片脚で、36232立方cmだ。そして、秘伝書によると水蜘蛛の直径は2尺1寸8分（62.3cm）。つまり、水蜘蛛の上面積は31×31×3.14＝3018平方cmだ。とすると水蜘蛛の分厚さは、12cmほどになる。

　現実には、水蜘蛛は円筒ではなく隙間がたくさんあるし、水に濡れた木は重くなるので、もっと分厚い必要があるだろう。実際には厚さ30cm以上になるだろう。そんなものを履くなんて、ほとんど芸能人水上運動会のレベルだ。とてもまともに歩けるとは思えない。

　では、なぜ、こんな使えない忍器が、**秘伝書**に載っているのか。2つの説がある。

　実は秘伝書を書いたのは、忍者自身ではなく、後世の子孫たちだ。彼らが、先祖を偉く見せるため、あちこちの本から適当に引用したのではないかと言われている。ちなみに、水蜘蛛の出典は、中国の戦術書だ。

　もう一つは、寸法が間違っているという説だ。水蜘蛛はもっと大きく、中央の板にまたがって、足で水をかいて進むものだったという。だが、この場合は、水蜘蛛が丸い必要がないので、やはり誤りだろう。

伝説の忍具

| 水蜘蛛とは | 水上を歩くことができる忍器とされるが、実際には全く使い物にならない。 |

〈秘伝書の水蜘蛛〉

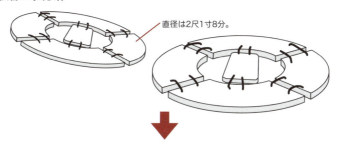

直径は2尺1寸8分。

秘伝書の水蜘蛛の大きさだと、木の厚さが30cmは必要！
→とても使える道具ではない！

秘伝書の大きさが間違っていて、またがって乗るものでは？
→それならば丸い必要はない！

関連項目

●忍術秘伝書→No.053

No.047
開器
かいき
Door Opener

開器とは、忍び込みのための道具、現代で言うピッキングツールのようなものだ。忍者が敵の屋敷などに潜入するためには、戸や門、雨戸などを開けなければならないからだ。

●雨戸の戸締まり

　当時の開器は、現代のピッキングツールとは、形も機能も全く違う。ただし、これは忍者の技術が低かったからではない。当時の戸締まりが、現代の錠前のような開けるのに細かい作業を要するものではなく、つっかい棒や閂、落とし錠のような、作動させるのに力のいるものが主流だったため、開器もそれ向けに進歩してきたというだけのことだ。錠前が異なれば、それに対応する錠前破り道具も異なる。

　当時の日本では、家の戸締まりは、多くの場合雨戸が担っていた。と言うのは、障子や襖では、戸締まりにならないからだ。そこで、忍者としても、雨戸を開けるための道具を開発する必要があった。そして、日本の雨戸は、古くは落とし錠と猿で閉じられていた。そこで、これを外から開けるために工夫したのが、問外だ。

　当時の雨戸には、雨戸を外から開けるための小さな穴が付いていた。そこから、その雨戸用のくの字型の鍵で雨戸を開けることができた。問外は、この雨戸用鍵の汎用品だ。多少難しいが、問外を使えば、似たような落とし錠なら、全て開けることができた。

　この鍵穴がない場合でも、雨戸の隙間や、打ち付けてある板の隙間から、問外を無理矢理ねじ込んで、落とし錠や猿を操作し、雨戸を開けてしまうこともできたというが、細く強度のある問外が必要だったろう。

　問外の下側の持ち手の方には、鋸刃がある。これは、どうしても雨戸の錠を開けられなかった時、雨戸を少し持ち上げて隙間から落とし錠を、もしくは雨戸の上の隙間から猿を、鋸で切るためだとされる。落とし錠も猿も、木で錠前をかけているため、時間をかければ鋸で切ることができるからだ。

落とし錠

| 開器とは | 戸を開けるために使う道具。ピッキングツール。 |

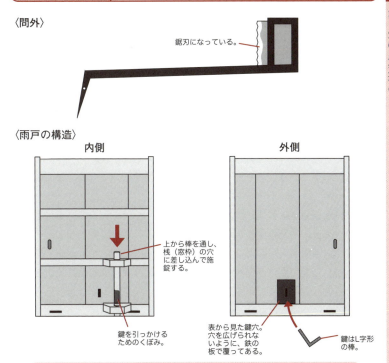

〈問外〉

鋸刃になっている。

〈雨戸の構造〉

内側 / 外側

上から棒を通し、桟（窓枠）の穴に差し込んで施錠する。

鍵を引っかけるためのくぼみ。

表から見た鍵穴。穴を広げられないように、鉄の板で覆ってある。

鍵はL字形の棒。

外側から開ける場合は、穴から鍵を差し込んで、落とし錠のつまみに引っかけて、回すと持ち上がる。鍵穴の隙間の大きさと、鍵の横棒の長さなどで、錠が開いたり開かなかったりする。

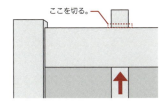

ここを切る。

雨戸の上側にも落とし錠のような鍵が付いている。猿（つっかい棒）を上げると、雨戸の上に木の棒が出て、雨戸の枠に刺さり、雨戸が固定される。
それを、隙間から刃を入れて切断すれば、雨戸が動かせるようになる。

関連項目

- 錠→No.049

No.048
釘抜き
Crowbar

雨戸などを開ける別の方法として、解体してしまうという手段がある。そこで必要となるのが釘抜きだ。だが、忍者の釘抜きは、現代の釘抜きとは全く違う。

●昔の釘を抜く

　現代の釘は、尖った鉄棒の反対側に、丸い平らな部分がある。このような釘を抜くために、現代の釘抜きは存在する。

　しかし、忍者の時代の釘は、今で言う和釘である。和釘は、四角い棒の片側を尖らせ、もう一方を曲げるか、もしくは曲げた上で巻くかしたものだ。

　このような和釘は、現代の釘抜きで頭を引っかけて抜くことができない。現代の釘抜きは、釘の頭が均等に広がっていることを前提として、そのような釘を抜きやすくするために作られているからだ。

　つまり、忍者の釘抜きが現代と異なるのは、忍者が現代の釘抜きを発明できない愚か者だからではなく、当時使われた和釘を抜くための道具としての釘抜きを作成したからに他ならない。

　忍者の釘抜きは、2つのパーツからなる。

　一つは、四角い鉄板の中央に穴が開いた形だ。鉄板と言っても、すぐ曲がるような薄いものではなく、人間の力程度では曲がらない、分厚いものだ。ただし、内側の穴の周辺は食い込みやすいように、薄くなっている。

　もう一つは、鉄の棒だ。こちらも、簡単には曲がらないように丈夫な鋼でできている。

　四角い鉄板の内側の穴に、釘の頭を引っかけるようにして、鉄の棒でてこの原理で持ち上げる。

　ちなみに、この2つ、どこかで見たような形をしている。そう、前者は**車剣**で、後者は**棒手裏剣**だ。つまり、釘抜きとして使える上に、いざとなったら手裏剣代わりに使うこともできる。荷物を減らしたい忍者にとって、結構便利なものだった。

洋釘と和釘

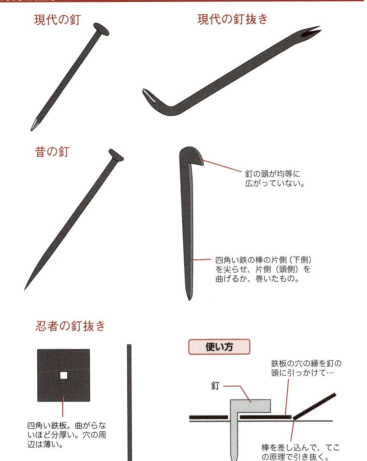

釘抜きはいざとなったら車剣と棒手裏剣の代わりになった。

関連項目

●棒手裏剣→No.034　　●車剣→No.035

No.049
錏
しころ
Shikoro

潜入の方法として、錠前を開ける、釘を抜いて戸や雨戸を解体するという手段を紹介してきた。そして、3番目の方法が、錏で木を切って、穴を開けたり、錠を切ったりして潜入するものだ。

●木の家特有の侵入方法

日本の家の戸締まりは、基本的に木でできている。そのため、鋸があれば、切ってしまうことができる。

とは言え、忍者が大きな鋸を持ち歩くわけにもいかないので、小型軽量の携帯用鋸を作成した。それが、錏だ。

錏は、小さいものでは、刃渡り4寸（12cm）、握りが2寸（6cm）という、手に持って作業するのにも小さすぎるくらいのものまである。両刃だが、片方は木用、もう一方は竹用で使い分けた。笹の葉型をしているのは、鋸の端から端まで使い切るようにするためだ。刃の幅は4〜5分（1.2〜1.5cm）ほどしかなく、当然弱いので、力を込めすぎると壊れてしまう。

ただし、忍者の任務を考えると、力を込めて切断音が響くようでは失敗だ。そのため、かすかにしか音のしないように、そっと切る方が、向いている。

この小さい錏は、落とし錠のはめ込み部分などの小さな（数cm程度）木を切るのに使われたと思われる。また、錐などで開けた小さい穴に突っ込んで、その穴を大きくするのにも使われた。雨戸の落とし錠の横に穴を開けて、そこから間外を突っ込めるようにするのだ。

大きい錏は、2尺（60cm）近い大きいものだった。特徴的なのは、刃の形だ。普通の鋸と違って、刃が丸くなっている。

これは、普通の鋸のように、板の端から切っていくのではなく、雨戸の真ん中などを直接切り始められるように、このような形になっていると考えられている。

最小の錏は、長さ2寸（6cm）ほどの両刃の笹の葉型で、柄すら付いていない。隠し持って、牢からの脱出などに使われた。

便利な携帯用鋸

| 鋲とは | 小型軽量の携帯用鋸。潜入する際に使う。 |

大きい鋲

大きさは2尺(60cm)近く。

刃が丸いのが特徴。

小さい鋲

4寸(12cm)

2寸(6cm)

最小の鋲

襟などに仕込んで隠し持つ。

大きさは2寸(6cm)ほど。

鋲の使用例

雨戸をちょっと持ち上げ気味にしつつ、その下に、小さい方の鋲を差し込んで、鋸で切る。

雨戸の板に、直接大きい方の鋲の曲線部分の刃を当てて、雨戸に穴を開ける。

関連項目

●開器→No.047

No.050
苦無(くない)
Kunai

忍者ものの創作作品を見てみると、忍者たちが、手に短剣のように苦無を持ったり、投げナイフのように投げたりして、戦っているシーンを見かける。しかし実際に、忍者が苦無で戦うことはない。

●苦無は武器に非ず

　創作に登場する苦無(くない)は、確かに一見すると、両刃の短刀のように見える。しかし、実際には、苦無には刃はない。と言うのは、苦無はそもそも武器ではないからだ。

　では苦無とは何なのか。実は、穴掘り道具として、また楔(くさび)として使われていたのが、苦無だ。

　苦無には、2つの形がある。三味線の撥(ばち)のような形は、地面を掘り返すショベルの役目をしている。

　もう一つは、別名飛び苦無と言う。創作などで武器に使われているが、こちらも地面に突き刺しては掘り返す道具だ。細長い四角錐で、固い地面に突き刺して掘り起こすもので、見れば明らかだが、刃などは付いていない。

　飛び苦無と呼ばれる理由は、手元の輪だ。ここに紐を付けて投げ、向こう岸に突き刺してロープを渡す。だが、投げて突き刺さったくらいで、人間の自重を支えられるとは思えない。

　実際には、楔のように木や壁などに打ち込んで、ロープをくくり付けて登攀の補助にしたのだろうと考えられている。現在の登山で言うハーケンの役割だ。

　もちろん、苦無で戦闘ができないというわけではない。実際の戦史においても、第一次世界大戦では、塹壕内の白兵戦で最も役に立ったのは、サーベルでも銃でもなく、ショベルだったという逸話が残っている。

　ただそれでも、苦無を武器にするのは、やむを得ない場合の臨時の措置であり、創作のように当然のように苦無を手にして戦うというのは、誤りだと考えられている。

実は穴掘り道具

| 苦無とは | 忍者が使用した金属製の小型の道具。穴掘り道具や楔(くさび)として使われていた。 |

〈苦無の形〉

通常型

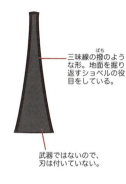

三味線の撥(ばち)のような形。地面を掘り返すショベルの役目をしている。

武器ではないので、刃は付いていない。

飛び苦無

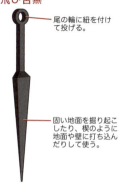

尾の輪に紐を付けて投げる。

固い地面を掘り起こしたり、楔のように地面や壁に打ち込んだりして使う。

飛び苦無の使い方

1. 苦無を堀の向こうに投げ付けて、渡したロープを使って堀を渡る。投げた苦無では人間の自重で抜けてしまうので、おそらく不可能だったと思われる。

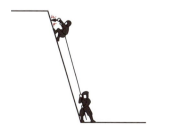

2. 登りのうまい忍者が、他の者を助けるためにロープを垂らす。こちらは、問題なく可能なので、実際に使われたと思われる。

No.051
忍薬
Ninja Drag

荷物をできるだけ減らしたい忍者にとって、小さく軽い携帯食料の開発は必須だったと言われている。忍術秘伝書にも紹介されているが、そこに載っている内容は真実だろうか。

●信じ難い忍者の処方箋

忍者は、スーパーマンではないので、食事をし、水を飲まなければ死んでしまう。もちろん、忍者としての活動など、できようはずもない。

そこで、できるだけ小さくて軽い携帯食料を作らなければならなかった。もちろん、食料だけでなく、水も必須だ。

忍術秘伝書の集大成と言われる『**萬川集海**(ばんせんしゅうかい)』に、水渇丸(すいかつがん)という薬というか食べ物がある。

梅肉4、氷砂糖2、麦角(ばっかく)1の比率で混ぜ合わせて、乾燥させたものだ。酸っぱくて、しかも砂糖が入っているので、舐めると唾液が出て一時的に渇きを忘れることができると思われるが、本質的な水不足には耐えられないだろう。

同じ書に、飢渇丸(きかつがん)というカプセル食料も紹介されている。

人参150g、そば粉300g、小麦粉300g、山芋300g、耳草(みみくさ)15g、はと麦15g、米糠(こめぬか)300gを混ぜて、日本酒5リットルに3年漬ける。乾いたら2cmほどの団子にする。1日3粒食べるだけで、食事の代わりになるという。ただ、実験してみると、酒が乾ききる前に腐敗してしまうらしい。

『**忍秘伝**(しのびひでん)』には、もっと凄い食料が載っている。黒大豆5升（9リットル）、麻の実3升（4.8リットル）を粉にして団子にし、さらに燻製したものだ。これを煎じて（熱湯に入れてグラグラとゆでて、成分を煮出す）1服飲めば7日間何も食べなくても大丈夫。2服なら49日、3服なら343日平気だという。あまりにも効能書きが凄すぎて、かえって信憑性がない。実は、中国の仙術書からのコピーで、先祖の権威を高めようとして、かえって失敗してしまった例の一つだ。

毒薬いろいろ

忍薬の中には、効果が疑わしいものも多いが、その中では毒薬は効果がはっきりしているせいか、信用できるものが多い。

名称	主成分	解説
石見銀山	亜ヒ酸	石見銀山の近くの笹ヶ谷鉱山で採れる砒石を砕いたもの。砒素を多く含んでおり全国でねずみ取りとして売られた。
座枯らし	梅肉	青い梅には、アミグダリンという青酸化合物が含まれており、猛毒である。一定量以上食べたら、死ぬ。
宿茶の毒	玉露	濃く入れた玉露を竹筒に入れて地面に埋め、1ヶ月放置する。これを、毎日2～3滴ずつ飲ませると、1ヶ月以内に病気になり、2ヶ月で死ぬという。

怪しい薬

忍薬の中には、あり得ない薬効をうたうものもある。

名称	主成分	解説
仙方妙薬	?	黒大豆5升、麻の実3升を粉にして団子を作り、燻製にした後で、再び粉末にしたもの。1服飲めば7日食事が不要、2服なら49日、3服なら343日…5服なら16807日食事が要らないという。中国の書をコピーして、かえって秘伝書の信用をなくしてしまった例。
眠りの煙	血	イモリとモグラと蛇の血を混ぜて、紙に染み込ませる。これをこよりにして火を点けると、煙で人が眠り込んでしまう。やはり、効果が信じられない薬。
眠り薬	麻の実	麻の実を陰干しして粉にしてから煎じて飲ませると、1杯で眠くなり、2杯で熟睡する。一部の麻は、実に麻薬成分が含まれるので、眠ってしまうこともある。
明朗膏	?	まぶたに塗ると、気分がすっきりして眠らずにいられると言うが、詳細は不明。

関連項目

●忍術秘伝書→No.053　　●萬川集海→No.054

No.052
忍びの城
Ninja Fort

伊賀には、物凄く多くの城砦が存在した。忍者の頭領たちが、それぞれの土地に、自分の小さな城砦を作っていたからだ。では、彼らの城砦は、他とどう違うのだろうか。

●伊賀の城砦

　三重県の中で、**伊賀**地方は面積的には10％ほどしかない。だが、この狭い伊賀地方に、三重県に存在した城砦の過半数が集中していた。

　これは、別の見方をすれば、個々の城砦の主である領主たちの領地が他の地域の10分の1の面積しかないということでもある。つまり、伊賀地方は、とても小さな領地しか持たない小領主が群雄割拠する地域だった。

　そんな小領主が、石垣や天守のある立派な城を建てられるはずもない。地面を掘った堀に、盛り土の上に立てた板壁といった防御で、大軍を迎え撃てる造りではない。しかし、そんな小領主をわざわざ大軍で攻める敵もいないので、通常は十分な防御だ。

　ただ、伊賀だけあって、攻めてくる寄せ手の中に、忍者やその技を持った者がいる可能性が高い。また、忍者がこっそり侵入してくる可能性も高い。そのため、普通の城と違って、忍者対策の充実した砦となっている。

　忍者対策と寄せ手対策では、内容がかなり違ってくる。

　多数の兵士による攻撃を防ぐには、防御システムは頑丈である必要がある。なぜなら、1人を倒しても次から次と兵士がやってくる。そのため、一度で壊れてしまう防御システムでは役に立たないからだ。

　ところが、忍者の場合、1〜数人なので、阻止して壊れてしまっても構わない。どうせ、忍者は誰かが引っかかった防御システムには引っかかってくれないし、壊れる音で侵入を察知することもできる。

　もう一つが、時間だ。同じ時間に同じ行動をすると、忍者に見抜かれてしまう。1刻ごとに見張りを交代していたら、交代直後の見張りを倒せば、その後1刻の時間の余裕ができる。そのため、見張りの交代時間や、歩哨の頻度なども、ランダムに変えて、敵忍者が予測できないようにする。

忍者対策をした城砦

> 忍者の対策として有効な手段とは
> →一度で壊れてしまってもOK！　忍び込み防止策のトラップを。
> →見張りの交代時間や頻度はランダムに！

〈塀の工夫〉

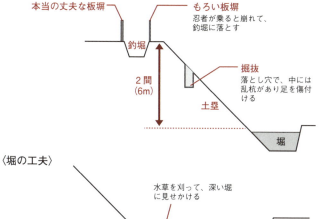

〈堀の工夫〉

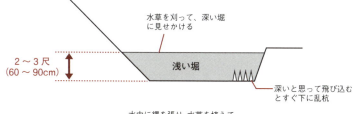

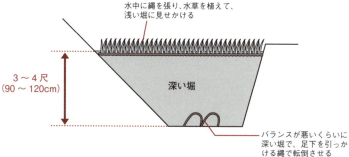

関連項目

●伊賀忍者→No.009

No.053
忍術秘伝書
Secret Manual of Ninjutsu

忍者と言えば、謎の秘伝書が付き物だ。忍術の秘伝を記した巻物を奪い合う忍者たちは、創作でも定番の一つとなっている。しかし、本当に秘伝書に、そんな力があるのだろうか。

●忍術が滅んだから生まれた秘伝書

　実は、忍者が盛んに活躍していた戦国時代、忍術秘伝書は存在しなかった。それは当然のことだ。忍者たちは、仕事で忙しく、悠長に秘伝書を書いている暇などなかったからだ。

　また、わざわざ書物にする必要もなかった。なぜなら、忍者になる人間は、結構多くいたので、その技術はそれぞれの術者から複数の弟子へと受け継がれ、術が失伝することもなかったからだ。

　だが、太平の世になって全てが変わった。まず、仕事がない。徳川幕府は、各大名家が抱える忍びを**伊賀者**に限定したので、それ以外の忍者は失業した。とすると、失業した忍者は、他の仕事で食っていかなければならず、忍術の修行などしている暇はない。

　では、伊賀者はと言うと、どこの土地に行っても、同じ伊賀者が忍びをしているのだ。真面目に潜入し、戦う必要などどこにもない。適当に情報を融通し合い、穏便に別れればすむ。つまり、忍術の修行を真面目にする必要など、どこにもないのだ。

　こうして、数十年も経たないうちに忍術は滅んでいった。その時、先祖の技を失ってしまうことを恐れた子孫たちが作成したのが、現在に残る秘伝書だ。このような事情のため、秘伝書には大きな欠陥がある。

　まず、秘伝書を書いた時点で、一部の情報が既に失われていた。次に、忍術の秘密を守るため、わざと情報を欠落させて口伝としたが、後に口伝が失われてしまった。さらに、忍者の子孫が先祖を偉く見せるために、記述に誇張を交えた。最後に、失われた情報を補完するため、余計な書物から間違った情報を仕入れてしまった。

　これらによって、微妙に間違いの入った秘伝書が作られることになった。

秘伝書の誕生

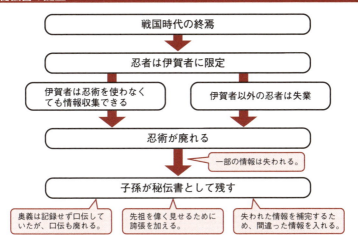

秘伝書の例

名称	解説
忍秘伝 (しのびひでん)	服部半蔵保長（有名な半蔵正成の父）が永禄3年（1560年）に書き、それを承応3年（1654年）に服部美濃三郎が改訂した。ただし、この由来は眉唾で、実際には1700年代の作とされる。
忍未来記 (しのびみらいき)	享保4年（1719年）に甲賀忍之未来記門人と称する人物が書いた。
忍術秘書応義伝 (にんじゅつひしょおうぎでん)	甲賀五十三家の一つ頓宮四方（とんぐうしかた）の家に残されていたもので、竹中半兵衛が天正3年（1575年）に書き、それを天保12年（1841年）に頓宮盛重（もりしげ）が書写したとされるが、おそらくは盛重の作。
忍術応義伝	甲賀の望月重家（もちづきしげいえ）が天正14年（1586年）に油日岳で会得した。実際には、後世のもの。
忍法秘巻 (にんぽうひかん)	伊賀の井上所左衛門政休の書で正保年間に書かれたとされるが、おそらくは後世のもの。
老談集 (ろうだんしゅう)	山本勘助と馬場美濃守信勝（どちらも武田の家臣）の著とされるが、もちろん虚構だと考えられる。

この他にも、100冊以上の忍術秘伝書がある。

関連項目

- 伊賀忍者→No.009
- 服部半蔵→No.012
- 服部半蔵の後継者→No.014
- 江戸の忍者　伊賀忍者の末裔→No.020

No.054
萬川集海
Bansenshukai

数多の忍術秘伝書の中で、最も大きく、最も網羅的で、最も信頼の置ける秘伝書と目されているのが、『萬川集海』だ。女忍者を「くのいち」と呼ぶのも、この本が出典だ。

●最大の秘伝書

　延宝4年（1676年）に書かれた忍術書だ。慶長20年（1615年）に起こった戦国最後の戦いである大阪夏の陣から61年、戦国の戦いを知るものがほぼ死に絶えた時期に書かれたもので、忍術が失われるのを惜しみ、数多の川が海に集まるように、各地に残った全ての忍術を集めたものという意味で、『萬川集海』の名がある。

　内閣文庫（徳川家の所蔵本を継承したもの）に所蔵された版によれば、著者は甲賀郡隠士藤林保義。寛政元年（1789年）に、困窮していた甲賀二十一士が、幕府に援助を願い出た時に提出した本である。

　ところが、『萬川集海』を甲賀の忍術秘伝書とするには、大きな問題点が幾つもある。

　まず、甲賀には藤林家は存在しない。そして、伊賀郡湯舟には藤林家が存在する。『萬川集海』の写本は幾つも残っているが、伊賀に残る写本には、著者が伊賀郡隠士藤林保武となっている。

　ただ、湯舟は、**伊賀**と**甲賀**の境にあり、地形的に伊賀からは攻めにくいが、甲賀からは攻めやすい。このため、藤林家も地理上は伊賀に属しているものの、甲賀との結び付きの方が大きかったのではないかという説もある。

　何より問題となるのは、『萬川集海』の内容である。同書には、忍者の名人として11人の名が挙げられている。ところが、その中に甲賀忍者が1人もいない。これも、真の忍術名人は、名前が知られないままだとしているので、甲賀の忍者は名前が残っていないという主張かもしれない。

　だが、素直に考えれば、伊賀の秘伝書が、甲賀でも使われたと考えるべきではないだろうか。

萬川集海とは

萬川集海とは

成立年代	延宝4年（1676年）
著者	内閣文庫版：甲賀郡隠士　藤林保義（こうがぐんいんし　ふじばやしやすよし） 伊賀に残る写本：伊賀郡隠士　藤林保武（ふじばやしやすたけ）
特徴	困窮していた甲賀二十一士が、幕府に援助を願い出た時に提出した本。忍術秘伝書の中で、最も大きく、最も網羅的で、最も信頼の置ける秘伝書と目されている。

女忍者をくのいちと呼ぶのもこの本から。

水蜘蛛など現在有名な忍者道具の図版が数多く入っている。

萬川集海の出自

萬川集海は甲賀の本？　伊賀の本？

〈伊賀の忍者？〉　同書には、忍者の名人として11人の名が挙げられているが、甲賀忍者が1人もいない。

〈著者の藤林とは〉

藤林氏の領地である湯舟は伊賀の中で、甲賀に隣接する地域だった。このため、藤林氏は甲賀とも交流があったと考えられる。

伊賀の忍術書であった『萬川集海』が甲賀にも伝わった？

関連項目

● 伊賀忍者→No.009　　　● 忍術秘伝書→No.053
● 甲賀忍者→No.015

No.055
正忍記
Shouninki

『萬川集海』と並ぶ、忍術秘伝書が、『正忍記』だ。この書は、伊賀でも甲賀でもなく、徳川御三家の一つ紀州（現在の和歌山）藩に伝えられた忍術の秘伝書だ。

●三大秘伝書の一つ

『萬川集海』の完成からわずか5年後の延宝9年（1681年）に書かれたのが、紀州軍学の名取流の書である『正忍記』だ。名取流は、別名、紀州流もしくは新楠流とも言う。これに『萬川集海』『忍秘伝』を加えて忍術三大秘伝書と言う。

ここで面白いのが、『正忍記』の著者名だ。藤一水・名取三十郎正武という。ここで、藤一水とは、藤林のことだと考えられている。名取三十郎は名取流における名乗りだと考えれば、本名は藤林正武だ。『萬川集海』の著者名が藤林保武、そして書かれた時期の近さを考えると、両者の間に何か関係があると思えないだろうか。親子か兄弟、そこまでいかなくても親類か何かだと考えたくなる。

実際、織田信長による**伊賀の乱**によって荒れた**伊賀**から、藤林一族の一部が紀州に移住し、その中に藤林正武がいたという説を唱える者もいる。

けれども、両者に関係があると、素直に考えるのも難しい。最大の問題は、内容の相違だ。忍者に関する思想的にも、多少違う。

例えば**忍薬**のリストを見ても、共通するものがない。似たような術でも、異なる名前が付けられているなど、同じ一族に伝えられた忍術をまとめたものとは、とうてい思われない内容なのだ。

ただ、『正忍記』は、あくまでも名取流の秘伝書である。藤林正武が伊賀出身の（もしくは伊賀にルーツを持つ）忍びであったとしても、名取流の本を書く場合には、名取流の用語を用いて書くのが当然である。

そのために、このような相違ができた。また、『萬川集海』は伊賀だけでなく、各地の忍術を集めたため、さらに差ができてしまったのだと考えることもできるだろう。

正忍記とは

正忍記とは

成立年代	延宝9年（1681年）
著者	藤一水・名取三十郎正武 藤一水とは、藤林のことだと考えられている。本名は藤林正武？
特徴	徳川御三家の一つ紀州（現在の和歌山）藩に紀州軍学の名取流の書として伝えられた。名取流は、別名、紀州流もしくは新楠流とも言う。甲賀（伊賀）の『萬川集海』とは思想も術の内容も違う。

〈紀州の軍学〉

流派	伝家	担当	特徴
越後流	宇佐美家	軍事主宰	上杉家の軍法を伝えるもの。
紀州流	名取家	忍び兵法	武田家の甲州流を名取家が名取流として確立し、その後、新楠流、紀州流と呼ばれるようになった。

8代将軍徳川吉宗が紀州藩から将軍になった時、紀州藩士を200人ほど連れて、御庭番（将軍の隠密）とした。彼らは、紀州流を学んでいたと考えられている。

正忍記における忍びの分類

正忍記では、忍びを5種に分類している。重要なポイントとして、ここで「忍者」という用語が用いられていることだ。おそらく、最初期の使用例だと思われる。

唐間（とうかん）	中国の忍びのこと。古くは軒皇帝の時代まで遡ると言われる。『左氏伝』では諜といい、後には細作というようになった。
嚮導（きょうどう）	道案内をする者。土地の者を用いるのが一番良いとされる。
外聞（がいぶん）	直接敵の本拠地などに乗り込むのではなく、周辺の噂や荷の動きなどから、情報を収集する者。現在で言う、合法的情報収集を行う者たちだ。一般には、商人や遍歴宗教者などを用いることが多い。
忍者（にんじゃ）	日本の間者のことで、様々なところに忍び込み、情報などを取ってくる。ただし、盗人と違い、私利私欲で物を盗むことはない。
盗人（ぬすっと）	単なる泥棒。目先の欲に目が眩んで、結局は大局を失うことになる。最終的には、盗みによって身を滅ぼす。

関連項目
- 伊賀忍者→No.009
- 天正伊賀の乱と伊賀者→No.011
- 忍薬→No.051
- 忍術秘伝書→No.053
- 萬川集海→No.054

家康の感謝状

忍者の一次史料は、ほとんどないが、その数少ない例外が甲賀に存在している。

徳川家康が織田信長と結んだ直後、今川方の鵜殿長持の城を落とすために、甲賀の忍者を求めた。これに応えたのが、伴与七郎資定と鵜飼孫六で、伴は80人、鵜飼は200人の忍びを連れて参陣してきた。

彼らは、鵜殿勢の格好をして鵜殿方の城内に入った。そして、夜中になって兵士たちが眠った頃になって、夜討ちをかけ、城内の櫓に火をかけて回った。敵兵と戦う時にも、鬨の声を上げず、黙したままで戦った。このため、鵜殿側は何が起こっているのか分からず、返り忠（裏切り）と思い込んで大混乱になった。甲賀忍者は、敵方の後方に回り、合言葉を聞き取って、長持が逃げる時にも、その合言葉で近づいて首を取った。

家康は、この勝利を喜び、伴に以下のような感状（大名や城主が、良い働きをした者に対して発行する感謝状。感状を多く持つ武士は、退転して余所の土地に行っても、武勇の士として雇われやすい）を贈った。

〈原文〉

今般鵜殿藤太郎其元被討候　近頃高名無比類候　我等別而彼者年来無沙汰候処弥□□祝着申候　委細左近雅楽可申上候　　　　　　　　恐々謹言

　　二月六日　　　　　　　　　　　　　　　　　元康（花押）
　　伴与七郎殿

〈現代語訳〉

このたび鵜殿藤太郎をそのもとが討たれたが　近頃その高名は比類無いものです。その後、あれこれあってご無沙汰していますが、ご健勝で何よりと祝い申し上げます。委細は、松井左近と酒井雅楽頭が申し上げます。

　　　　　　　　　　　　　　　　　　　　　恐れながら申し上げる

　　二月六日　　　　　　　　　　　　　　松平元康
　　伴与七郎殿へ

家康が元康と名乗っている時期の書状だと思われる。

つまり、甲賀や伊賀の忍者は、この当時から一種の傭兵として各地に雇われていたことが分かる。そして、その代表者ともなれば、武士扱いで感状をもらうこともあったことが分かる。

※原文中の□は、現存する史料からは読み取れない文字を表す。

第3章
忍術

No.056
忍術の基本
Basics of Ninjutsu

忍者が忍術を使うのは何のためなのか。そして、その忍術はどんな時に、どのように使われたのか。

●意外と簡単な忍術

　忍術秘伝書を読んでいると、意外にも拍子抜けしてしまうことが多い。と言うのは、秘伝として伝えられているはずの忍術の種が、あまりにも簡単だからだ。そして、そんな簡単な技にも関わらず、それぞれちゃんと技の名前が記されているのだ。今時、こんなことで騙される人間がいるとはとうてい思えないと、文句を言いたくなる技がたくさんある。

　そんな技に騙されるなんて、当時の人は愚かだったのか。

　そんなことはない。生きるか死ぬかの戦いの中で生きていた戦国の人々が、平和ぼけした現代日本人より間抜けなはずがない。科学技術に関しては遅れていたものの、ものの見方はシビアで、現実的にものを見ることのできる人間だったはずだ。

　つまり、簡単な技だと馬鹿にしている我々の方が、実は現実を見ていないのかもしれないのだ。忍者は、我々を驚かせるために技を使っているわけではない。どんなにくだらない技でも、仕事にそれが使えるなら、彼らは満足するはずだ。

　つまり、我々が簡単ですぐにばれると思っている技が、実は当時の状況下では問題なく使える、ばれない技だったのだと考えられる。

　もちろん、簡単な技ほど、使いこなしは難しい。手品でも、最も難しいのは、大舞台での大袈裟なマジックではない。テーブルに座り、目の前でトランプなどの小物を使って、手業だけで行うテーブルマジックだ。それと同じで、簡単な技だからこそ、それを使うタイミング、使う者の演技力、状況に合わせた微調整など、術者の技量そのものが問われることになる。

　忍術は、あくまでも実用品だ。であるからこそ、可能な限り簡単な技が好まれるのだ。

忍術が簡単な理由

> 秘伝書の忍術の種は拍子抜けするほど簡単。

> 簡単な技でも十分実用的。かつ使いこなすのは難しい。

〈忍術が簡単な理由〉

1. **マスコミの不在**
   誰かが騙された手法が、別のところまで伝わらない。 → 知っていれば防げる単純な手法でも知らないので防げない。

2. **忍者は身軽**
   潜入する忍者は身軽でなければならない。 → 何の道具も必要としない、少なくとも小さく軽い道具しか必要としない術が求められた。

3. **忍者は貧乏**
   金のかかる道具や術は使えない。 → 身一つでできる技が重宝された。

4. **世界が暗い**
   当時は、電灯などもなく、灯りと言えばロウソク、行灯、松明などしかなかったので、夜は大変暗かった。当時の町中の明るさが、現代の山の中くらい、山の中は月灯り以外何もなく、現代人の目では完全な暗闇にしか見えない。しかも、使われている灯りは炎が揺らぐため、影も揺らめいて大変見にくい。 → ちょっと物陰に隠れるだけでも、簡単に人の目をごまかすことができた。

5. **簡単な技は覚えやすい**
   簡単な術策なら、新人にも覚えやすいし、新しい技を覚えるのも簡単。 → 簡単だからこそ演技力や器用さなど鍛錬が必要になるが、最初の一歩が簡単な方が手を付けやすい。

6. **とっさに使える**
   名前が付いている方がいざという時に使える。 → 簡単な技でも、「忍術」として伝えられた。

関連項目

●忍術秘伝書→No.053　　●萬川集海→No.054

No.057

手裏剣術

Arts of Ninja Star

手裏剣を使って、敵を攻撃することで、忍者にどんな利点があるのだろうか。また、実際に戦う場合、どのような投げ方があるのか。少なくとも、左手の掌に置いて、シュシュッと投げることはできない。

● **手裏剣は逃げるための武器**

創作と違って、手裏剣の殺傷力は高くはない。首や目など、致命的な箇所に当たるのならまだしも、それ以外の場所に刺さっても、死ぬほどのダメージを与えるのは困難だ。特に、鎧を着た武士に手裏剣を投げても、滅多なことで鎧を抜くことはできない。

では、手裏剣での攻撃は無駄なのか。そんなことはない。鎧で防げるとしても、手裏剣の命中箇所が鎧で覆われているとは限らない。致命的な箇所（首筋や目など）ほど、鎧で覆われていないのだ。つまり、手裏剣を投げ付けられた方は、否応にも防御しなければならない。その分だけ、隙ができる。

また、殺せなくても、どこかに命中すれば、敵の戦闘力はそれだけ落ちる。手に当たれば、そちらの手が使えなく（もしくは使いにくく）なるし、足に当たれば走る速度が落ちる。目のあたりに当たれば、大成功だ。

なぜなら、忍者の攻撃は、敵を殺すことにはないからだ。忍者の主任務は**情報収集**、次が兵糧を焼くなどの破壊工作。武士とまともに戦って倒す必要など、どこにもない。手裏剣による攻撃は、忍者が武士から逃げ出すための隙を作るためにある。

車剣を投げる時の持ち方は、幾つもある。ただし、気を付けなければならないのは、車剣は、どの方向にも刃が付いているので、手を切らないようにしなければならないということだ。

車剣には、人差し指をかけて、回転を強くする投げ方もある。この場合、車剣の根本のあたりは、刃がないように作っておく必要がある。ただし、それができれば、手裏剣がよく回転するため、飛距離も伸び、威力も増すだろう。

手裏剣の握り方

| 手裏剣の目的 | 敵を殺すことではなく、逃げ出すための隙を作ること。 |

- 手裏剣を投げ付けられれば、否応にも防御しなければならない。
- どこかに命中すれば、敵の戦闘力はそれだけ落ちる。

〈手裏剣の握り方〉

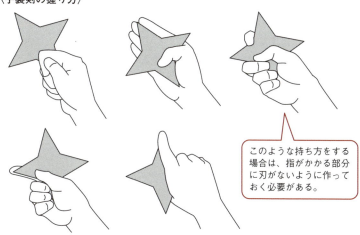

このような持ち方をする場合は、指がかかる部分に刃がないように作っておく必要がある。

手裏剣白兵術

近距離に入ってしまった場合、手裏剣を投げて戦うよりもそのまま手裏剣を握って白兵戦を行う。ただし、服や鎧を突き通す力はないので、敵の顔や目を狙う。

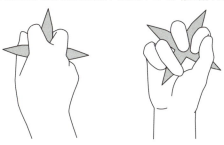

関連項目

- 忍者の任務　情報収集→No.002
- 車剣→No.035

No.058
棒手裏剣術
Arts of Straight Ninja Star

棒手裏剣は、車剣とは、使い方も投げ方も異なる。棒手裏剣は、威力は大きいが、とっさに投げるのには向いていない。と言っても、それほどの差はないので、同じように使われた。

●短剣投げに似ている棒手裏剣術

　棒手裏剣は、棒の先端しかダメージを与える部分がない。このため、敵に命中する時に、先端を向いていなければならない。

　その方法として、2つの投げ方がある。

　一つは、直打法。投げた瞬間から先端を向いて手裏剣が飛ぶ方法だ。厳密には、手から離れた直後は少し上を向いている。中指を少し凹ませて支え、人差し指と薬指で挟み、親指で上から押さえて持つ。そして、先端は手の先の方にする。このまま投げれば、手を離した瞬間に向いた方向へ、まっすぐ棒手裏剣が飛ぶ。

　もう一つは、反転打法。投げた瞬間はお尻が前になっているが、飛んでいる間に半回転して、敵に命中する頃に先端が前になっている。この場合、手裏剣を上下逆にして持つ。

　次に、投げる時の腕の動きにも何種類かある。野球のオーバースローやサイドスローのようなものなど、いろいろな投法がある。だが、野球などの球技では絶対使わないのが、横打ちだ。投げる勢いが弱く、通常のスポーツではまず使われない。

　では、なぜ忍者は、そんな弱い投法を使うのか。

　一つは、幅が狭くてすむ点だ。スポーツと違って、忍者が手裏剣を使うのは広い場所とは限らない。横打ちならば、腕を上や横に広げないので、人間が通れる幅ぎりぎりの廊下、鴨居があって上に伸ばした手が当たる部屋などでも、手裏剣を使うことができる。

　もう一つが、取り出しやすいことだ。左手の袖に棒手裏剣を入れておけば、取り出すポーズから即座に投げられる。手裏剣を抜く、投げるの2動作でなく、抜きつつ投げるの1動作で投げられ、一瞬を争う時に有利だ。

手裏剣投法

〈棒手裏剣の投げ方〉

直打法

反転打法

手裏剣も、重力によって放物線軌道を描いて飛ぶ。2間（4m）くらいまでは、直線で飛ぶと考えても命中して敵に刺さる。だが、それ以上になると、少し斜め下に向かって飛んでいる状態で命中するので、切っ先も少し下向きでなければならない。

いろいろな投法

上段打ち

横打ち

下手打ち

座打ち

関連項目

●棒手裏剣→No.034

No.059

下緒七術 座探り

Zasaguri

忍び刀の特徴の一つに、下緒が長いということがある。要するに、刀の鞘に長いロープが付属していると考えれば良いだろう。その下緒を使って、忍者は様々な小細工を試みる。

●暗闇を見抜く目

座探りは、暗闇で敵を察知し、即座に殺すための技だ。

まず、刀の先に、少しだけ鞘を差し込んでおく。そして、下緒は口にくわえておく。

この状態で、闇の中を鞘ごと刀を動かしつつ歩く。そして、鞘の先に何者かが触れるのを待つ。

鞘の先に触れるものがあった時、それが壁や柱のように硬い物か、それとも人間のような柔らかい物かは、感覚で分かる。人間であったなら、素早く刀を引く。すると、鞘はその場に残されて、刀から抜ける。

そして、一歩踏み出して、刀で突く。かなりの確率で、殺す、もしくは殺さないまでも大けがで無力化されるだろう。

下緒を口にくわえていることには、2つの利点がある。

一つは、鞘の回収だ。鞘は、刀を引いた瞬間に下に落ちるが、下緒にぶら下がっているので、すぐに回収することができる。

もう一つは、声だ。人間は、びっくりすると、つい声を出してしまう。これによって、発見した相手に自分のいることを察知されてしまい、攻撃に対処されてしまう。また、発見した相手は倒せたとしても、声を出して他の誰かに聞かれるかもしれない。ところが、下緒を強くかみしめていれば、驚いて声を出したりせずに行動できるので、敵に見つかりにくい。

この術から分かることは、忍者は、暗闇で目が見えるという俗説は嘘だということだ。目が見えるなら、こんな術を使う必要などどこにもない。しかし、このような工夫によって敵を察知して殺すことで、忍者は暗闇でも目が見えると他者を恐れさせることができる。それは、忍者の勝利と言えるだろう。

暗闇の暗殺術

| 座探りとは | 下緒七術の一つ。暗闇で敵を察知し、即座に殺すための技。 |

①闇の中を鞘ごと刀を動かしつつ歩く。

刀の先に少しだけ鞘を差し込んでおく。

下緒は口にくわえておく。

②鞘の先に人間が触れたら、素早く刀を引く。人間か柱や壁かは感覚で分かる。

③刀を引くと、鞘はその場に残されて、刀から抜ける。
④刀が抜けたら、一歩踏み出して、突く。

下緒をくわえておくことで、鞘の回収が容易なことと、自分の声を殺せるメリットがある。

関連項目

●忍び刀→No.036　　　　　●下緒七術→No.061

No.060
下緒七術 吊り刀
Tsuri Gatana

忍び刀は、忍者にとっての万能ツールだ。その一つとして、塀などを乗り越えるための吊り刀がある。実は、吊り刀は、忍者の専売特許ではなかった。

●リアルな戦争の道具

　吊り刀とは、非常に簡単な術だ。塀などを乗り越える時に、塀に刀を立てかける。そして、刀の鍔を踏み台として、塀を乗り越える。忍び刀の鞘の先は尖っているので、地面に突き刺さり安定が良い。

　ただし、これだけでは、塀を乗り越えたはいいが、中に入った時に丸腰になってしまう。また、帰りに塀を乗り越えようと思っても、もはや踏み台にする刀がない。

　このため、下緒（刀の鞘に付いている紐）を口にくわえて、登り終わってから、吊り上げる。これをもって、吊り刀と言う。

　このことから明らかな事実は、忍者は2mを越える塀に飛び上がることができないということだ。もし可能ならば、こんな技が使われるはずがない。忍者が、超人的ジャンプ力を持たないからこそ、このような技が伝えられているのだ。

　ただし、この技、忍者の専売特許というわけではない。

　戦国時代の武士たちも、柵や堀を越えたりする技術として、自分の刀を踏み台にしていたと言われている。

　格好ばかりの江戸時代の武士なら、武士の魂を踏み台になどできるかなどと、役にも立たないプライドで怒り出すかもしれない。

　しかし、本当の戦い、明日をも知れぬ命のやりとりをしていた戦国武士にとっては、そんなくだらないプライドなど一文の価値もない。何しろ、柵や堀を越えなければ、敵と刃を交えることもできないのだから。

　ただ、そのために最適化した忍び刀と違って、鞘の先も尖っておらず、刀身が湾曲している普通の刀では、登ることに失敗することもあったらしい。

刀は道具

| 吊り刀とは | 刀を踏み台として、塀を乗り越える潜入術。 |

〈吊り刀の手順〉

乗り越える際に、刀の下緒をくわえておく。

刀を塀に立てかけて、鍔を踏み台にして乗り越える。

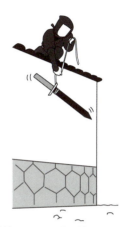

塀を登ったら、下緒を使って刀を引き上げる。

**吊り刀は忍者の専売特許ではない！
しかし忍び刀でないと…**

> 戦国時代の武士たちも使ったと言われている。

乗り越えた後に刀を引き上げられず丸腰になってしまう。

鞘の先も尖っておらず刀身が湾曲している普通の刀では、失敗することもあった。

関連項目

●忍び刀→No.036   ●下緒七術→No.061

No.061
下緒七術

Seven Arts of Sageo

下緒には、他にもいろいろな使い方があった。基本は丈夫な紐なのだ。このため、忍び刀では、下緒を通常よりずっと長くし、何mもある下緒も珍しくなかった。

●残る五術

　下緒七術は、**座探り**、**吊り刀**の他に5つある。

　まず、旅枕。大小の刀を下緒でくくり、その先を眠る時に自分の身体の下に敷いておく。こうすれば、刀が盗まれそうになれば、下緒が引っ張られて分かる。また、飛び起きて逃げ出す時も、身体のすぐ側にある下緒をつかめば、刀を持って逃げ出すことができる。

　陣張りは、野営をする技術だ。立木の間に高さ3尺（90cm）くらいに下緒を渡し、そこに布や油紙をかぶせれば、簡易テントになる。寒い時には、その下で火を焚いて、暖かい空気を保つと良いとされる。

　用心縄は、部屋で休む時の罠だ。入り口の膝の高さに、下緒の紐を張っておく。襲撃を行ってきた敵は、そんなところに紐があるとは知らないので、足を引っかけてしまう。倒れるか、倒れなくとも立ち往生してしまう。逃げ出す時も同じだ。自分は知っているから、そこから逃げる時でも引っかけることなく逃げ出せる。もちろん、追いかけてくる敵は引っかかるのだ。

　槍止めは、武器のリーチを伸ばす。**忍び刀**の柄と、鞘をくくり付けることで、刀を短い槍のように使う。武器は、基本的にはリーチの長い方が有利だ。忍び刀は元々普通の刀より短くて、純粋に戦う武器としてみれば不利だ。そこで、必ず戦うと分かっているなら、このようにしてリーチを伸ばし、少しでも戦いが有利になるようにする。

　最後は、縛だ。これは純粋に、下緒をロープとして使う。例えば、捕まえた敵を縛り付ける。たすき掛けなどして、袖や裾が引っかからないようにする。血が止まらない時には、根本で縛って血を止めるなど、ロープとして、様々な使い方がある。

便利な下緒

下緒七術とは	忍び刀の下緒を利用した七つの術のこと。 ・座探り(→No.059)　・旅枕　・用心縄　・縛 ・吊り刀(→No.060)　・陣張り　・槍止め

旅枕

- 刀の盗難防止。
- 逃げ出す際に取りやすい。

陣張り

- 野営時の雨、寒さ対策。

用心縄

- 部屋で休む時の罠。侵入防止にも、逃げ出す時の足止めにも使える。

槍止め

- 戦闘時の忍び刀の不利（リーチの短さ）を補う。

縛
下緒をロープとして使う。用途はロープのように様々。

- 捕まえた敵を縛る。

- 傷口を止血する。

関連項目
- 忍び刀→No.036
- 下緒七術　座探り→No.059
- 下緒七術　吊り刀→No.060

No.062

遁法 水遁の術

Arts of Water Escape

遁法とは、逃げる方法だ。忍者の仕事は、情報収集が主なので、敵と出会っても戦う必要はない。戦って負けて命を落としたら、仕事が貫徹できないからだ。

●水は、城砦の周りにある

　水遁(とんぼう)の術とは、遁法の中でも水を利用した術を総称したものだ。と言っても、ファンタジーな魔法ではない。あくまでも、忍者の体術とちょっとした小道具で行う技術だ。

　一番簡単な方法は、水に飛び込んで逃げることだ。現代と違い、当時は泳げる人間は多くなかった。水術という日本式の水泳術は存在したが、特殊な地形用の戦闘技術だったので、あまり広まらなかった。このため、水中に逃げられると、追っ手は諦めるしかなかった。

　しかし、忍者にとって、水に飛び込んで逃げるのは、悪手だ。その場は逃げられても、水から上がった後が問題になる。びしょ濡れの人間など、怪しんでくれと言っているようなものだ。

　逆に言えば、予め着替えや手拭いを用意しておけば、濡れ鼠を探している追っ手の目を眩ませることができるかもしれない。

　よく使われたのは、水音を利用する方法だ。大きめの石など投げ込んで水に飛び込む音を発生させ、水中に逃れたと誤認させる。もちろん、ドラマのように都合の良いものが急に見つかるはずがないので、予め用意しておく。**忍術**は、その半分以上が事前準備なのだ。

　昔の城砦は、水堀に囲まれたものが多かったので、この方法は、かなり有効だった。何しろ、城の周囲は全て堀だから、忍び込んだ者が水に飛び込むのは当然だと、追う側も考えている。

　どうしても水中に入らなければならない場合は、入ったことを知られないように、静かに入る。そして、できるだけ頭を出さずに、移動する。水術の泳ぎ方に、水音を立てない泳法があるのは、このような場合に対応するためだ。

水で遁げる術

水遁の術とは	水を利用して逃げる術の総称。

〈水遁の術その1〉

水に飛び込んで逃げる

メリット 当時は泳げる人間は少ない。水中に逃げれば追っ手は諦めるしかない。

デメリット 水から上がった後が問題。着替えを用意しておけばOK。

〈水遁の術その2〉

水中に石を投げて、飛び込んだと思わせる

メリット 城壁は水堀に囲まれたものが多かったので、追っ手を騙しやすくかなり有効。

デメリット 事前準備が必要。

〈水遁の術その3〉

竹筒をシュノーケル代わりにする

実際は… 息ができるほどの竹筒を水面に出すのは不自然なため、実際には使われなかった。

関連項目

●忍術の基本→No.056　　●隠形　狐隠れ→No.072

No.063
遁法 火遁の術
Arts of Fire Escape

火を使った逃走法が、火遁の術だ。火と言っても、火事の火から、火薬を使ったものまで、様々だ。火遁は準備が面倒だが、生物が火を恐れる本能からか、その効果も大きい。

●放火も術の一つ

最も簡単な火遁の術は、侵入する家屋・城に、予め放火しておくという方法だ。火事の中で侵入者を追い続けられる人もいないし、逃げ出す人に紛れて、簡単に逃げ出すことができる。

ただし、忍者はできるだけ家屋・城の中央に侵入しようとする。そこに情報が集まっているからだ。だが、周辺が火事になって逃げ出せなくなる可能性も高い。このため、火の燃え広がる速度など知っておく必要があった。

火遁で最も派手な技は、百雷銃退きだ。これは、敵との距離が数十m以上ある時に用い、敵を数分足止めする技だ。百雷銃とは、一種の爆竹で、火縄で幾つも結ばれており、火を付ければ、次々と破裂音が鳴り続ける。もちろん、音がするだけで、銃としての効果は全くない。

しかし敵は、銃による待ち伏せだと考え、身を隠すので、かなりの時間が稼げる。もちろん、忍者はその隙に逃げてしまう。

この技は、物陰などがあって、銃から身を隠せる場所で行うと有効だ。敵が隠れることを選択してくれるからだ。逆に、開けた場所では、隠れられないのならいっそ突撃だと突っ込んでくるかもしれない。そして、誰一人銃弾で倒れないことから、銃の存在を疑われてしまう。

ちなみに、火遁の術で最も思い浮かぶのが、地面などに投げ付けると爆発して煙を発する煙玉だ。しかし、衝撃で発火するニトログリセリンのような火薬が発明されたのは江戸末期なので、残念ながら戦国や江戸初期の忍者が、煙玉を使うことはできなかった。あれは、明治大正になって、映画で忍者ものが撮られるようになってから生まれた、創作忍者の産物にすぎない。

火で遁げる術

| 火遁の術とは | 火を使って逃げる術の総称。 |

〈火遁の術その1〉

侵入する家屋・城に、予め放火しておく

| メリット | 追っ手も混乱し、逃走も容易。 |
| デメリット | 建物の奥深くに侵入した場合、逃げ出せなくなる可能性も高い。 |

〈火遁の術その2〉

百雷銃退き
（ひゃくらいじゅうのき）

方法	百雷銃に火を付ける。百雷銃とは、一種の爆竹で、火を付けると次々と破裂音が鳴り続ける。敵は、銃による待ち伏せだと考え、身を隠すので、その隙に逃げる。
メリット	簡単で効果が高い。
デメリット	身を隠せるものがある場所でしか使えない。

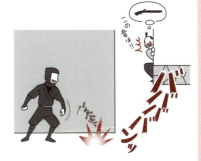

〈火遁の術その3〉

煙玉

| 実際は… | 当時の技術では、実現不可能だったので、後世の創作。 |

関連項目

●火器→No.041

No.064
察天術
Weather Cast

察天術は、空に関する様々な予測予知を行う技術だ。その中には、現在で言う天気予報だけでなく、時刻や方角、天体現象の予知なども含んでいたと考えられている。

●今も昔も天気予報は軍事情報

忍者は、山野を越えて移動することが多いので、山野において時刻・方角などを知る必要がある。

時刻を知るにも、時計はない。少なくとも、持ち歩ける時計はないし、高価すぎる。そこで、猫の目時計という手法を使った。これは、明るさによって猫の目の開き具合が変わることを利用したものだ。

『萬川集海(ばんせんしゅうかい)』には、以下の句がある。

  六つ丸く　五八は卵　四つ七つ
   柿の実にて　九つは針

しかし、これは、実際の時刻の対応からしておかしい。

  六つ丸く　五七は卵　四つ八つ
   柿の実にて　九つは針

の写し間違いではないかと言われている。

方角を知るためには、耆著(きしゃく)を使う。これは、長さ2寸（6cm）ほどの鉄の薄い板を舟形にしたもので、火で加熱し、即座に水に投げ込んだものだ。つまり、簡易磁石だ。これを水に浮かべれば、南北を指す。

天気予報は、経験則を元にした、いわゆる観天望気(かんてんぼうき)である。

経験から幾つかの法則が見出され、残されている。「太陽に暈(かさ)（周囲にできる光の輪）があれば雨、風上の月に暈があれば風雨」「うろこ雲は、雨にはならないが、風が吹く」「秋の曇り空は、風があれば雨、なければ降らない」「月末（太陰暦の月末なので、月が細くなっている）に雨がなければ、翌月初めに大風雨」などだ。

このように、様々な経験則から天気予報をしていた。これらは、正しい経験則もあれば、単なる偶然と思われるものもある。

時刻と猫の目

| 察天術とは | 空に関する様々な予測予知を行う技術。時刻や方角、天体現象の予知なども含んでいた。 |

〈察天術その1〉
猫の目時計

猫の目の開き具合で時刻を知る術。

時	刻	現代の時刻	猫の目
暁九つ（あかつきここのつ）	子（ね）	23～1時	
暁八つ（あかつきやつ）	丑（うし）	1～3時	
暁七つ（あかつきななつ）	寅（とら）	3～5時	
明六つ（あけむつ）	卯（う）	5～7時	丸
朝五つ（あさいつつ）	辰（たつ）	7～9時	卵
朝四つ（あさよつ）	巳（み）	9～11時	柿の実
昼九つ（ひるここのつ）	午（うま）	11～13時	針
昼八つ（ひるやつ）	未（ひつじ）	13～15時	柿の実
昼七つ（ひるななつ）	申（さる）	15～17時	卵
暮六つ（くれむつ）	酉（とり）	17～19時	丸
夜五つ（よるいつつ）	戌（いぬ）	19～21時	
夜四つ（よるよつ）	亥（い）	21～23時	

丸

卵

柿の実

針

〈察天術その2〉
耆著（きしゃく）

耆著とは、磁気を帯びた舟形の鉄片で、水に浮かべると南北を指し示す。見知らぬ土地で、方角を知るために用いられた。

〈察天術その1〉
天気予報

経験則を元にした観天望気（かんてんぼうき）（空の状況を見て、天気を予測する）。

【一例】・太陽に暈（かさ）（周囲にできる光の輪）があれば雨、風上の月に暈があれば風雨。
・うろこ雲は、雨にはならないが、風が吹く。
・秋の曇り空は、風があれば雨、なければ降らない。
・月末に雨がなければ、翌月初めに大風雨。

正しい経験則もあれば、単なる偶然と思われるものもある。

関連項目

●萬川集海→No.054

No.065
察地術
Mapping

地形情報、地勢情報を集めるのが、察地術だ。敵国に攻め込むなら、攻めやすい地形、攻めにくい地形を知る必要があるし、栄えている国は、基本的には軍も強い。

●土地を知れば勝利も近い

　敵国に攻め込むには、予め地形を調査しておく必要がある。伏兵が隠れやすい場所、防衛拠点となる場所など、予め調べておかなくてはならない。もっと低レベルの話として、道を間違えて攻め込む先に到着できなかったという話すらある。

　こんなことが起こるのは、当時、日本にはまともな地図など存在しなかったからだ。そもそも、自国の地図は厳重な軍事機密であり、現在ですら規制のかかる国は多い。

　特に日本で重要だったのは、田んぼの状態だった。浅田なら、移動速度が落ちるくらいで突っ切ることもできるが、深田だと腰まで沈み込んで進撃不能になる田んぼもある。このため、進撃路にある田の状況を知っておくことは、絶対に必要なことだった。

　どうしても調査できなかった場合は、その場で察知しなければならない。こんな時は稲の生育で判断した。雨の多い年は浅田の生育が良く、雨の少ない年は深田の生育が良い。

　敵国を一気に攻め滅ぼせない場合、相互の国力の差が勝敗を決めることになる。なぜなら、死んだ兵の代わりを雇い、新たに兵装を持たせるためには、金がかかるからだ。このため、敵国の国力を調査しておくことも重要だ。

　戦国の世では、貧乏な国は、貧乏であるだけで滅亡の危機にある。逆に、新田や都市、鉱山の開発に成功して裕福になった国は、それを狙われる危険もあるが、金の力でより多くの兵を雇い、強国となる。

　ただし、国力調査は、商人や旅僧などを用いて合法的に調べることもできるので、忍者の出番は少なかったと考えられている。

事前調査が肝心

| 察地術とは | 地形情報、地勢情報を集める術。 |

敵国に攻め込むには、地形調査が必要！
- 伏兵が隠れやすい場所、防衛拠点となる場所などを調べて戦況を有利に！
- もっと単純に、城までの道を確認！

特に重要なのは、水田の状態調査！
- 浅田→移動速度が落ちるくらいで突っ切ることもできる。
- 深田→腰まで沈み込んで進撃不能になる田んぼもある。

【調査できなかった場合の見分け方】
雨の多い年は浅田の生育が良く、雨の少ない年は深田の生育が良い。

国力の調査も重要！
→ ただし、国力調査は、商人や旅僧などを用いて合法的に調べることもできるので、忍者の出番は少なかった。

夜道の察地術

〈夜道の察地術その1〉

夜道の先を見る

地面に伏せて道を見る。夜空を背景にして先を見ることができるので、地上に何者かがいれば、シルエットとして見ることができる（当時の夜道は、夜空よりも暗かった）。

〈夜道の察地術その2〉

提灯を持った者の移動方向を知る

地面に伏せ、明かりの高さに扇子などを向けておく。近づいてくる灯りは、少しずつ上に移動する。逆に、遠ざかる灯りは、少しずつ下に下がっていく。これによって、灯りを持つ者の移動方向が分かる。

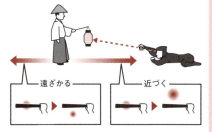

関連項目

●忍者の任務　情報収集→No.002

No.066
察人術
Arts of Man Watching

どんな時でも、最大の情報源は人だ。このため、誰からどんな情報を得るべきか。そしてその情報に欺瞞はないのか。それらを知るためには、やはり人間を知るしかないのだ。

●人を見る

人を見る方法は幾つか存在する。その中でも、古くからあるのが、人相見だ。

耳の大きさは金運を表すとか、鼻の大きさは生活力を表すなどと言われる。もちろん、これらには根拠はなく、単なる占いにすぎない。『正忍記』にも、人相見は必ずしも当たるものではないと明記されている。

人を見るもう一つの手段として、表情や動きの変化を見る、一種の読心術がある。例えば、嘘をつく時、どうしても相手の目を見るのが恐くて、目をそらしてしまうとか、そういった変化を察知するものだ。

こちらは、完全ではないものの、ある程度は相手の心情を教えてくれる手法だ。

忍者は、この手法を逆に利用して、嘘をつく時ほど相手の目をまっすぐ見るようにしている。厳密には、目を見ると自分が動揺してしまうかもしれないので、鼻の頭を見るといった手段がある。人間は、目がこちらを見ているのは察知できても、それが目を見ているのか、鼻の頭を見ているのかといった細かい差までは察知できないからだ。

根拠のない占いと、根拠のある表情を同時に利用しているのが、当時の状況を映し出しているようだ。

国も人が作る組織の一種だ。それ故、組織特有の問題点を抱えている。無能な人間が家格やコネで高い地位に就いていたり、複数の派閥が権力争いをしていたりする。健全な組織では、それらは少ないものの、全くない組織などあり得ない。

それらを察知することができれば、内紛を大きくしたり、敵国の人間を**調略**したりできる。これも、察人術の一つと言えるだろう。

正忍記にある人相見

| 察人術とは | 情報源である人を判断するための術。 |

〈察人術その1〉
人相見

人の顔の特徴で性質を判断する占い。古くからあったが、忍術書にも、必ずしも当たるものではないと明記されている。

【人相見の一例】

頭
- 額の両方に尖り角、耳の後ろに角のような尖り、寿骨といって長命。
- 頭が丸くて縦に短いのは、裕福で、高位に登る。
- 白髪が黒くなるのは大吉。
- つむじがうなじあたりまで下がっているのは、疑い深い。

眉
- 引くように長いのは、智恵がある。
- 細く深い眉、眉の中に白髪があるのは長命。
- 一文字眉は、主君に忠実。
- 下がり眉は、心が弱い。

目
- 切れ長で深く、潤い光っている目は、貴人の相。
- 黒く漆のように潤うのは、智恵と才能がある。
- 目の下に一文字あれば、国王の相。
- 目を伏せているのは不忠で、盗みをする。

〈察人術その2〉
表情や動きの変化を見る

心理状態を反映した表情の変化を察知する。または、この手法を逆に利用して、相手に思い込ませる。

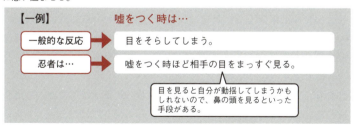

関連項目

- ●忍者の任務　情報収集→No.002
- ●忍者の任務　謀略→No.004
- ●正忍記→No.055

No.067
物真似の術
Arts of Mimicking

敵の屋敷や城に忍び込み、そこで情報を得るまでじっと待つのは、忍者の仕事の一つだ。しかし、一切無音で忍び続けるのは、忍者と言えども不可能だ。

●消せない音を消す方法

　人間は、生きて存在しているだけで、何らかの音を発生させる。呼吸音、心音、わずかな身じろぎなど、最低限の音を出さざるを得ない。つまり、創作の**忍術**で言うような、完全に気配を消すなどは、不可能なのだ。そして、江戸時代の夜は現代とは比べものにならないくらい静かで、そんなかすかな音すら聞き取られてしまう恐れがあった。

　そのため、別の方法で、この音をごまかさなければならない。音を消すことはできないからだ。そこで、物真似が生きてくる。なぜなら、生物の音をごまかす最も良い方法は、他の生物に見せかけることだからだ。

　屋根裏にいてしかるべき動物としては、ネズミ、猫、コウモリなどがいる。これらの鳴き真似をすることで、音が人間ではないと思い込ませる。忍者が真剣に（何しろ、そのうまさで、自分の命が左右されるのだ）練習した鳴き真似は、一般人には本物との区別など不可能だ。

　そして、人間は、正体の分からないことには、不安で耐えられない生き物だ（あの音は何だ）。だからこそ、忍者の立てるわずかな物音に危機感を抱く（音の源を調べないと）。しかし、分かっていることには（猫の鳴き声がした）、大変無頓着になる（なんだ猫なんだ）。多少違和感があっても（猫にしては音が大きいぞ）、勝手に自分で説明を付けて納得してしまう（きっとでかい猫なんだ）。

　しかも、生物の出す音なので、その後も自分が出すであろう音（呼吸音や身じろぎ、歩く時の音など）も、その生物の出した音だと思ってもらいやすい。これが風の音の物真似をしたのでは、風が屋根裏を歩いたりするので奇妙なことになってしまう。

　今でこそギャグにしか見えないことにも、当時は必然性があったのだ。

物真似の対象

| 物真似の術とは | 消しきれない音を他の生物に見せかける術。 |

いくら忍者でも、音を全て消すことは不可能！

音を立てても怪しまれないような他の生物に見せかけよう！

家の外なら…

犬なら、そこら中に野犬がいて、家でも犬を飼っているところは多い。このため、犬の鳴き声なら、どこで発生してもおかしくない。

家の中なら…

コウモリは集団生活をするので、糞なども多く出てしまい、1人の忍者の隠蔽には向いていない。

物真似の術の心理

人間は、正体の分からないことには、不安で耐えられない。

あの音は何だ？ 調べないと。

しかし、分かっていることには大変無頓着になり、多少違和感があっても勝手に自分で説明を付けて納得してしまう。

なんだ猫か。猫にしては音が大きいけど、きっとでかい猫なんだ。

関連項目

●忍術の基本→No.056

No.068
陰中陽の術
In-chu-Yo no jutsu

忍者は基本的に1人もしくは少人数だ。このため、多人数が守るところは苦手だ。そのため、敵を誘導する技術が発達することになった。手品で言う、ミスディレクションである。

●聞こえない声を聞かせる方法

嘘をつくのは難しい。特に、相手が疑っている時は。しかし、にもかかわらず、相手に嘘を信じさせなければならない。このような時に用いられるのが、陰中陽の術だ。

相手は、こちらを敵と考えているのだから、こちらが聞かせた言葉を信用するはずがない。つまり、こちらから相手に話して聞かせた話は、ほとんど信用してもらえないはずだ。

ではどうするかと言うと、こちらが聞かせるつもりがない、さらに言うなら聞かせたくない言葉を相手が聞いてしまったという形を取る。基本的には、こちらの私語を、相手に盗み聞きさせるという手段を使う。

昔の話に、こんな例がある。

1人の忍者が、屋敷に忍び込もうとしたが、警備が多くて入れない。そこで、塀の下に穴を掘った。だが、その音を聞き付けてか、見張りが穴の近くにやってきて、入ってきたものを串刺しにしようと槍を構えている。

そこで、忍者は複数の人間が小声で相談している振りをした。もちろん、耳を澄ませた見張りが辛うじて聞き取れたように見せかけてだ。

「番の者が眼を覚ました。ここから入れないので、裏の物置から入ろう」
「そうしよう。全員で裏の物置へ行こう」

見張りは、それを聞いて、敵が複数だと判断し、屋敷の主人に知らせて、自分は物置の入り口で待ち構えた。

だが、忍者は、穴から侵入し、敵に備えて着替えていた主人に「お急ぎあれ」と声をかけた上で、一気に刺し殺して逃げ出した。

虚言で相手の隙を突き、できた隙に突っ込んで任務を果たす。これが陰中陽だ。

情報で翻弄する術

| 陰中陽の術とは | 虚言で相手の隙を突く術。 |

〈陰中陽の例〉

①侵入音に気付いた見張りは、侵入者を串刺しにしようと、待ち構えている。

②見張りに偽の情報を盗み聞きさせる。

③偽の情報に従って見張りが動く。

④見張りが移動したのを確認すると、忍者は最初の穴から侵入する。

⑤あえて声をかけて警戒を緩ませ、目的である主人の暗殺を行う。

No.069
穏形 観音隠れ（かんのん）
Hide Like Kan'non

忍者の任務の多くは、隠れることによって達せられる。このため、非常に多くの隠れ方が存在する。そして、それらに一つ一つ名前が付けられている。

●隠れないことで隠れる

観音（かんのん）隠れは、木を利用した穏形だ。

立木や壁のすぐ側で、顔を袖で隠して立っている。同時に隠形の呪を唱えると、敵から全く見えなくなるというものだ。

これだけ聞くと、そんな馬鹿なと言いたくなる。しかし、これが意外にも人間心理の穴を付いた手法なのだ。

夜に侵入者を発見しようとする場合、提灯（ちょうちん）や松明（たいまつ）の灯りをかざして見る。しかし、困ったことに、これらの灯りは炎が揺らめいている。つまり、影も同時に揺らめいているのだ。そのため、人間の身体の揺らぎがあっても、炎の揺らぎに紛れてしまう。

そして、何より見張りには、侵入者は隠れようと小さくなっているものという先入観がある。つまり、木の向こう側にある木と同じように立っているゆらゆら動く黒いものは、見張りにとって木の影なのだ。

この手の、隠さないことで隠れる術の最たるものは、鶉（うずら）隠れの術だ。

この術、庭のど真ん中で、相手に尻を向け、背中を丸めて、頭を隠してじっとしているという術なのだ。

もちろん、物陰に隠れるに越したことはないのだが、たまたま庭を横断している途中に見張りが来てしまった時などに、この術を使う。

この術にも、意味はある。まず、光を反射しやすい目と白い顔を隠すこと。そして、見張り側の、物陰は疑ってよく見るが、庭の真ん中などは視線は通りすぎるだけで、ろくに注視しないという行動を前提としている。

いずれにしても、見張りの視線に入ってしまう位置にいる時点で、既に忍者は危機にある。その危機の中で、少しでも安全性を高めようとして、この術が作られたのだ。

人間心理の穴を付いた手法

穏形とは	隠れるための術のこと。
観音隠れとは	木を利用した穏形。

木の向こう側にある、木と同じように立っているゆらゆら動く黒いものは、見張りにとって木の影に見える。

鶉隠れ

鶉隠れとは	庭のど真ん中で、背中を丸めて頭を隠してじっとしている穏形。

たまたま庭を横断している途中に見張りが来てしまった時などに、この術を使う。見張り側の、物陰は疑ってよく見るが、庭の真ん中などはろくに注視しないという行動を前提としている。

関連項目

●隠形　木の葉隠れ→No.070

No.070
隠形 木の葉隠れ
Hide in Leaves

隠形の術の中に、植物名を利用したものが幾つかある。日本の山野は植物の宝庫だし、屋敷の庭にも必ずと言って良いほど植物が植えられている。ならば、それを利用する隠形があるのは当然だ。

●植物は隠れ場所を作ってくれる

まず、木の葉隠れ。と言っても、創作に出てくるような、枯れ葉が舞い散って身を隠すものではない。これは、現代になって、木の葉隠れという言葉から、想像された創作の**忍術**だ。

本来の木の葉隠れは、立木を利用して、その物陰に隠れるというものだ。そして、はみ出した部分は木の葉の影にでも誤解させる。

具体的には、木の影に片膝をついて隠れる。すると、木の下に、こんもりと黒い影の部分ができているように見える。片膝をついているので、立っているより目立たないし、座ってしまうのと違っていざという時には、すぐに立ち上がり行動できる。

庭に立っているものなら、木でなくても構わない。例えば、燈籠の影に隠れても、木の葉隠れと称する。

草葉隠れは、灌木や藪の中に身を隠すことを意味する。ただし、草葉隠れは、風のない日に行ってはならない。なぜなら、身じろぎによって葉擦れの音がして、ばれてしまうからだ。風が吹いていれば、あちこちで葉擦れの音がするので、忍者が起こした音は紛れてしまう。

柴隠れは、名称を除いて、植物とは何の関係もない。城などなら必ず置いてある木材・水桶や、多くの屋敷などにある米俵・稲藁など、積み上げてある荷物の影に隠れることを言う。

柴とは、昔話でお爺さんが山へ柴刈りに行く柴のことだ。これは、低木や枯れ枝など、薪にできる細木のことを言う。つまり、多くの家では、薪用に柴を積み上げてあったので、その陰に隠れることから、柴隠れの名が生まれたらしい。その後、その辺に積み上げてあるものなら、何でも良いから隠れるようになった。

身近なものに隠れる

| 木の葉隠れとは | 立木などを利用して、その物陰に隠れる術。 |

木などの影に片膝をついて隠れる。庭に立っているものなら、木でなくても木の葉隠れ。

大きいものの陰は、こんもり暗くなっているので、そこに隠れることで、人間がいることに気付かせない。

| 草葉隠れとは | 灌木や藪の中に身を隠す術。 |

背の高い草の中に伏せて隠れる。

人間は、どうしてもわずかな身じろぎをしてしまい、葉擦れの音を出してしまう。この音をごまかすためには、風が吹いていれば良い。

| 柴隠れとは | 米俵・稲藁など、家屋に積み上げてある荷物の陰に隠れる術。 |

木材・水桶・米俵・稲藁など積み上げられているものの陰に隠れる。

当時は、現在のように通運が発達していないので、それぞれの屋敷には、薪、米、藁、木材など、多数の資材が集積されていた。そのため、身を隠すべき物陰が、たくさんあった。

関連項目

●忍術の基本→No.056　　●隠形　観音隠れ→No.069

No.071

隠形 狸隠れ

Hide to Mimic Racoon

我々は、狸と言うと、ユーモラスな生き物で、鈍くさいイメージを持っている。しかし、狸は肉食獣である。そして、行動も俊敏で、木登りなども得意だ。

●狸を真似て隠れる

　木は、太陽光線を効率よく浴びるために、横から見ると、できるだけ葉が重ならないように、けれども隙間なく葉が存在しているように、葉を生やしている。このため、離れたところから木を見ると、木に登っている人間を見ることは難しい。

　人間の目は、その形状から、左右には動くが、上下にはあまり動かない。そのため、上を見るためには、首を曲げて見なければならない。このため、木の真下で上を見て、誰か隠れていないか見る場合は少ない。また、真下から見られた時のために、忍者は、通常横に伸びる枝の上に身を隠している。

　このような都合の良い条件があるため、木に登った忍者が見つかる可能性は、かなり低い。危険なのは、登り降りする時の騒音くらいだ。そこで、狸隠れと、わざわざ名前を付けて技としている。

　狸隠れで面白いエピソードがある。2人の忍者が屋敷に忍び込んだが、見つかってしまった。1人は逃げ出したが、もう1人が逃げられずに、柚の木に登って隠れた。柚の木には痛いトゲがあるが、その時はそんなこと気にもならなかった。

　屋敷の者は、柚の木に登った忍者を見つけられず、2人とも逃げてしまったのだと思い、屋敷に戻っていった。もう1人の様子を見に来た忍者は、柚の木に登った忍者を見つけ、今日は諦めて帰ろうと言うが、木の上の忍者は降りてこない。聞くと、柚のトゲが痛くて、降りられないそうだ。

　呆れた下の忍者は、「曲者が柚の木にいるぞ。であえであえ！」と叫んだ。びっくりして、恐くなった木の上の忍者は、トゲのことなど忘れて飛び降りたため、2人して逃げ出したという。

狸に倣う術

| 狸隠れの術とは | 木に登って隠れる術。 |

狸は木登りが得意であるところから付けられた。

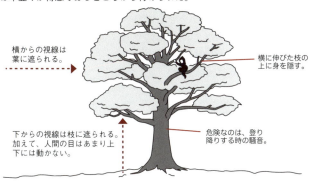

狸隠れの術に最適な木とは

周囲に木のない1本だけで立っている木

→ 太陽を効率よく受けるために、樹形の表側に葉を並べ、内側には葉が少ない。

- 横から見ると、真ん中あたりに隠れている忍者を見つけにくい。
- 葉が少ないので、上り下りの時、葉擦れの音が発生しにくい。

狸隠れのエピソード

関連項目

●隠形　木の葉隠れ→No.070

No.072
隠形 狐隠れ
Hide to Mimic Fox

狐は、体臭が強いので、猟犬などに追われると、普通に逃げることができない。このため、水に入って追跡をやり過ごしたと言われる。水で臭跡を消すのだ。

●水を利用する狐

　忍者も狐に倣って、水中に入ることで、泳ぎの苦手な人間（当時の人間は泳げない者が多かった）から逃れ、猟犬を使った追跡からも逃れることができる。これらのこと（少なくとも忍者はそう考えていたようだ）から、水中に逃れ、隠れる術を、狐隠れと言う。

　水中に隠れる術というと、竹筒を水上に出して呼吸する、シュノーケルのような手段が有名だ。しかし、実際の忍者は、これをしなかったと言われている。と言うのも、シュノーケルのように利用しようと考えた場合、直径3cm（内径2cm）ほどの竹筒が必要になってしまい、そんなものが水中から突き出ていたら、非常に不自然だからだ。水中から突き出ていても不自然ではない、葦や葭では、とても呼吸できない。

　そこで、狐隠れの術では、顔そのものを水面に出す。と言っても、白い顔のままでは一目でばれてしまうので、顔に藻や水苔を貼り付け、枯れ葉などを乗せることで、一見すると顔ではなく、水面に浮かぶ藻の固まりか何かに見えるようにしている。

　このポーズには大きな利点がある。

　何より、水上を目で確認できるので、その後の行動に移りやすい。忍者は、水中に隠れるのが目的ではなく、そこから城や屋敷に潜入したり、脱出したりするのが目的なのだ。そのためには、水上の様子を知ることができるのはとても重要だ。

　また、口も水上に出ているので、呼吸が苦しくない。このため、次の行動に移った時に、酸素不足で動きが鈍るということもない。

　有能な城主は、このように忍者が潜入するのを防ぐため、堀端の木を切り、水草や藻を掃除し、忍者が隠れられないように努めたという。

狐に倣う術

狐隠れの術とは	水に潜って隠れる術。

狐が猟犬に追われた時は、水に入って追跡をやり過ごしたと言われることから付けられた。

顔だけ水面に出す。

顔には枯れ葉や藻を貼り付けてカモフラージュする。

手足を水中から出さなければ音は立たない。

狐隠れの術の大きなメリット

水上を目で確認できる

→ 潜入したり、脱出したりするのにとても有利。

有能な城主は、このように忍者が潜入するのを防ぐため、堀端の木を切り、水草や藻を掃除し、忍者が隠れられないように努めた。

竹筒のシュノーケル

水に隠れると言うとこちらが有名だが…

息をするには直径3cmは必要。水面から、そんなに太い竹筒が出ているのは、あまりにも不自然。

葦の茎なら自然だが、こんな細い管では、呼吸ができない。

実際の忍者は、これをしなかった。

関連項目

●通法　水遁の術→No.062

No.073
撒菱退き
Escape by Makibishis

撒菱は、敵に踏ませることさえできれば、その足止めに非常に有効だ。だが、どうやって敵に踏ませれば良いのか。また、自分が踏まないためにはどうすれば良いのか。

●撒菱は撒くものではない

　忍者ものの創作では、確かに忍者が真後ろに撒菱を投げると、追っ手が踏んで苦しみ、その隙に忍者が脱出している。しかし、命のやりとりが日常であった戦国時代に、目の前に投げられた撒菱を踏み抜くような間抜けが、そんなにたくさんいるだろうか。

　当然のことながら、目の前で撒菱を撒かれて、そこに何も考えずに突っ込んでいくような間抜けは、戦国の世で長くは生きられない。忍者がひとつかみで投げられる撒菱など、せいぜい十数個だ。そのくらい、たかだか2〜3m迂回すればすむことなのだ。

　実際の撒菱の用法は、予め撤退路に撒いておき、そこに踏み込んだ敵に踏み抜かせるという地雷原的な使い方が主流だった。昼間ならまだしも、夜の道に落ちている撒菱はほとんど見えないので、知らずに踏み込んだ追っ手は、撒菱を踏み抜いて足を止められてしまう。

　ここで、忍者自身が撒菱を踏んでしまっては元も子もないので、撒菱のあるエリアは、すり足で進む。そうすれば、自分は撒菱を踏まないですむからだ。安全な通路を作って覚えておけば良いという説もあるが、何かの拍子に撒菱の位置がずれてしまったら破滅的なので、通路を作ったとしても、すり足は必要だった。

　後ろに、撒菱を投げ付けるという方法も、緊急時には使うことがあった。ほんの2〜3秒の隙が欲しい時もあるからだ。

　また、非常に格好悪いが、2〜3mの糸に撒菱を結び付けたものを、腰に付けて走るという手もあった。忍者を追いかけながら切り捨てようとすると、どうしても撒菱のあるあたりに行かなければならない（逆に言えば、その位置に行くことができない）からだ。

撒菱の配置

撒菱退きとは	撒菱を用いて逃げるための術。

創作では追っ手の目前で撒菱を撒く方法が見られるが…

分かっていれば避けてしまえばいいだけ。この方法ではほんの2〜3秒しか稼げない！

実際は…

撒菱は、予め道に撒いておく。こうすれば、暗い道では撒菱が見えないので、追っ手が踏んでしまう可能性が高くなる。

すり足で逃げると、撒菱を踏まないですむ。

糸菱の法

糸菱の法とは	腰に糸で付けた菱を引いて逃げる術。

忍者を追う者は、忍者の真後ろに届きかけると、撒菱を踏んでしまう。

糸菱の法ならば、追っ手が踏んだ撒菱以外は紛失することはないし、逃げている間ずっと効果がある。ただ、いかにも格好悪いが、命には替えられない。

関連項目

●撒菱→No.038

No.074

入虚の術

Arts of Infiltration when Enemy Breaks Down

敵の拠点に潜入するには、時機を見計らう必要がある。それが、敵の心の隙（虚）だ。そして、そのタイミングで敵の拠点に入る術を、入虚の術という。

●敵の屋敷や城に忍び込むための虚

　人間の注意力は、常に一定ではない。注意力が高まっている時もあれば、逆に注意散漫になる時もある。当然のことながら、注意散漫になった相手の屋敷に忍び込む方が簡単で良い。

　とは言え、ある人間が注意力を高めているか注意散漫かは、なかなか外から予測しにくい。また、敵の屋敷ともなれば、多数の人間がいるはずだ。ある人間が注意散漫になっていても、他の人間が注意力を高めていれば、結局は同じことだ。多数の人間で見張りをする理由は、この人間であるがゆえにどうしても発生してしまう注意力の揺らぎを、多数の人間を配することで平均化するのが目的だからだ。

　しかし、そこで諦める忍者ではない。その屋敷の人間が、全て注意散漫になる時はないかと考えた。それが入虚の術だ。虚とは、人の心が虚ろになっている瞬間を現し、そのタイミングを狙って入るわけだ。

　だが、虚になるタイミングも、人の住む屋敷と、戦いのための城では、明らかに異なる。このため、これらは別になっている。

　例えば、祝言の明け夜は、人の屋敷に忍び込むのには向いている。だが、城はどうだろう。城主の祝言があったとして、どうなるだろうか。一般の雑兵にも下され酒の1杯くらいはあるので、多少警戒が緩むかもしれない。それよりも、見張りをさせられている兵士が、酒宴に気を引かれていることが重要になる。このため、城では酒宴で騒がしい時という、祝言の後ではなく、祝言の途中で見張りがそっちに気を取られているタイミングの方が有効だとする。

　似たようなイベントに際しても、屋敷と城との違いを考え、それぞれに対応した入虚を考えているのだ。

潜入するための虚

入虚の術とは	敵の心の隙（虚）を突いて敵の拠点に侵入する術。

敵の屋敷に忍び込むには

〈パターン1　イベントの周辺日〉

祝言の明け夜
結婚式の夜は、祝いで酒を飲んだりして遅くまで起きている。しかし、それだけに明け方になると、寝入ってしまい、目覚めない。

悲嘆後の2～3日後
誰かが亡くなると、悲しみにくれ、しかも葬儀だ読経だ埋葬だと、忙しい。このため、全て終わると深い眠りにつく。

遊興の夜
遊びに行って、夜は宴会。家人も、宴会の世話で大変。こうなると、その後は、皆眠ってしまう。ただし、新茶の頃は、茶会になって目が覚めている（茶は、カフェインを含む）ことがあるので避ける。

〈パターン2　隣家の騒動〉

隣家に変事があった翌日の夜
隣家の変事で眠れないにもかかわらず、翌日は通常の行動を行わなければならない。当然、その夜は眠い。

ご近所で騒動があった時
近所が気になって、自家のことがおろそかになる。

〈その他〉

病後の夜
病人が出ると、家人は看病に疲れる。病気が続いている間は、気力で持たせているが、病気が治ると、気が抜けて深く眠ってしまう。

普請労役の夜
当時の労役は、疲労しきってしまうほど重いものだった。このため、夜になると、深く眠ってしまう。

敵の城に忍び込むには

1. 敵軍が居城を出発した夜
2. 敵が着陣した夜、もしくはその次の夜
3. 敵が長途行軍してきた夜、もしくは難路を越えた夜
4. 敵が、風・雨・雪の中を行軍してきた夜
5. 敵が終日合戦した夜
6. 敵が日暮れになって着陣し、陣張り・糧食・馬などの手入れに忙しい時
7. 敵が夜討ち朝駆けの準備をしている時
8. 敵が夜討ちに成功した時や、合戦に勝利した夜
9. 味方が夜討ちに成功したか合戦に勝利して、敵が混乱している時
10. 敵が内紛を起こしている時
11. 敵が酒宴や喧嘩で騒がしい時
12. 合戦直後の混乱時
13. 大雨や嵐の夜
14. 敵に脱走者があったり、着陣してきたものがあったりと、人の出入りがあった時
15. 城攻めをしていた味方が、包囲を解いた夜
16. 長陣に飽いて、敵の兵卒が油断している時
17. 敵が味方より多く、油断している時

No.075
物見の術
Arts of Entrance for Incursion

物見とは、本来は偵察のことだが、忍者の術における物見とは、通常の偵察を行うことはもちろんとして、「忍び口」を見つけることにある。

●忍びだけが使える入り口

「忍び口」とは、城にある忍者にとっての入り口のことを言う。

城に忍び込むのは難しいと考える読者もいるだろうが、実は城への忍び込みは、普通の屋敷への忍び込みよりもかえって易しいことすらある。

これは、屋敷と城の用途の違いにある。通常の屋敷は、軍の攻撃を受けることを考えていない。代わりに、盗賊や刺客がやってくることを警戒している。

逆に、城は、軍（つまり多人数の集団）の攻撃と進入を防ぐための建造物だ。このため、忍者のような、1～3人くらいで潜入しようとする者を阻止するようには作られていない。

もちろん、城壁や堀などは、軍にも忍者にも有効な防御システムだ。忍者であっても、堀を渡るには泳がなければならず、泳いだ後は身体や装備が濡れて動きにくいし、移動すれば水の跡を残してしまう。城壁は、忍者であっても、登るのは面倒だ。

だが、矢狭間は、軍隊を相手にするには有利だが、少人数で近づいてくる忍者を見つけるには、視界が狭すぎる。戦争中でもなければ、夜に全ての矢狭間に貼り付けるほどの数の見張りが起きているわけではない。このため、見張りは移動して矢狭間を見て回るくらいしかできない。つまり、ある瞬間に、誰も見張っていない矢狭間が出てくる。その隙を突いて、矢狭間に足をかけて壁を登ってしまう。せっかくの矢狭間が、敵の侵入を防ぐどころか、壁登りの足がかりにされてしまうのだ。

このように、城には、少人数での潜入を試みられた場合、死角になるような箇所が幾つも存在する。これを、忍者は「忍び口」と言う。そして、偵察によって忍び口を見つけることを、物見の術と言う。

忍び口の発見場所

物見の術とは	偵察によって忍び口を見つける術。

忍び口とは	少人数での潜入を試みた場合、死角になるような箇所。

少人数の場合、城は屋敷より忍び込みやすい！

〈忍び口の例〉

1. 城の正面は堅いが、背後はそうでもない。

2. 海や川や沼に面した城は、そちら側に忍び口がある。

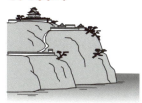
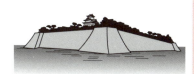

特に、背後が山や崖になっていると、そちらに兵を送って攻めるのは難しいので、城の防備はおろそかにされる。

兵士を展開できないので、そちらから攻めてこない。つまり、見張りも少ないため、泳いだり、筏を組んだりして、城まで行くことができる。

3. 小城に大人数がこもっている場合は、人数の多いところが忍び口。

城の必要人数より多くの兵がいる場合は、見張りの目は全ての方向にある。ならば、人数の多い＝城の弱点であるから、せめて弱点から忍び込んだ方が成功率が高い。

4. 大城に少人数がこもっている場合は、人数の少ないところが忍び口。

兵が足りない場合は、防備が厚くて敵も攻めてこないと予想するところには、ほとんど兵をおいていないはず。そのため、そこから潜入すれば、見つかる可能性が低い。

5. 糞捨て・塵捨てなどは忍び口。

糞捨てや塵捨てなどは、目立たないところに置かれているし、臭いので人々も近寄りたくない。このため、見張りの目が非常に少ない。

これを避けるため、北条家では、人馬の糞尿は毎日捨てに行くが、その捨て場所は、城から矢を放って届かない場所であることと掟にある。

関連項目

● 忍びの城→No.052

No.076
入堕帰の術
Iri-Da-ki no jutsu

忍術の弟子が師匠に「どうすれば、姿を消して、城に忍び込めるのですか」と聞いた。師匠は、「簡単だ。人の見ていない時に出入りすれば良い」と答えた。

●人間行動の観察

　人間は、姿を消すことなどできない。しかし、誰も見ていなければ、それは姿が消えているのと同じだ。つまり、誰も見ていない時を知ることが、姿を消すことになる。では、いつ見張りは見ていないのか。それを教えてくれるのが、入堕帰の術だ。

　見張りを始めた最初の頃は、ちゃんと見張ろうという気持ちが入っている（入）。しかし、いつまでも緊張を続けることはできない。だんだんと怠惰になっていく（堕）。そして、見張り時間の終わり頃になると、早く交代にならないかとそればかり考えるようになる（帰）。

　そして、入の時は止めて、堕と帰の時に潜入すると成功しやすいというのが、入堕帰の術だ。

　こうして、タイミングを見つけたら、その時を選んで素早く潜入しなければならない。これを択機の術と言う。

　そんなことは当たり前だ。しかし、当たり前のことがなかなかできないのが、人間というものだ。そこで、わざわざ術の名前が付けられている。

　術の名前が付いていることで、2つの利点がある。

　まず、忍者が迷わずにすむこと。どうしようかと考えるのではなく、択機の術を使うと決まっていれば、決定が簡単だ。このため、とっさに行動できる。

　もう一つ、見張りが気を抜いているとしても、その近くを抜けて忍び込むのは恐い。しかし、恐いかどうかでは気質の問題になり、臆病な忍者は永遠に忍び込めない。しかし、術ならば技術なのだから、習ってその通りにすればできる。つまり、術名を付けることによって、あらゆる忍者にできることだと教えているわけだ。

入堕帰のタイミング

入堕帰の術とは	見張りの緩むタイミングを知る術。
択機の術とは	タイミングを見つけたら、その時を選んで素早く潜入するという術。

見張りを始めた頃　　大分時間が経った頃　　終わりかけ交代直前

術の必要性

当たり前のことでも、わざわざ術の名前を付けると…

関連項目

●忍術の基本→No.056

No.077
楊枝隠れの術

Hide by Toothpick

わずか1本の楊枝に身を隠す。そんなことができるはずがない。しかし、それが可能だと忍者は主張する。では、いかなる手法によって、それを可能にしたのか。

●色んな「ヨウジ」

　楊枝隠れの術は、番人のいる入り口をこっそり通り抜けるための術だ。だが、人間が楊枝に隠れて通り抜けるのは、あまりにも無理がある。しかし、楊枝1本でも、敵の目をそらすことは可能だ。

　忍術の名人によれば、番人の頭の上に楊枝を1本落とす。すると、番人は楊枝に気を取られて、そちらを向いてしまう。その隙に、素早く入り口を通り抜けることができる。これを楊枝隠れの術と言う。楊枝に隠れるのではなく、楊枝で隠れる術だ。

　確かに、何かに注意を向けさせて、その隙を利用するのは、**忍術の基本**だ。楊枝1本は誇張だろうが、近くの藪で犬にガサガサと音を立てさせるとか、注意をそらす手段はいろいろとあっただろう。

　また、もう一つの説がある。それが、用事隠れの術だ。

　その入り口に用事のある者が来たらどうだろう。例えば、他家からの書状を持った使いがやってきたとか、入り口の近くで、急な病なのか誰かが倒れたとか、そういった場合だ。

　このような用事のある人間を相手にしている隙に、忍者が通り抜ける。当然、この用事のある人間は忍者の仲間だから、忍者が通る瞬間は、番人の注意を最大に引き付けて、決して入り口を振り向かないようにするだろう。

　江戸時代までは用事には、もう一つの意味もあった。トイレに行くことだ。このため、番人がトイレに行くタイミングを待って、入り口を通り抜けるということもあったかもしれない。

　いずれにせよ、注意をそらすことによって、見えないのと同じ効果を得ている。

番人の目をそらす

| 楊枝隠れの術とは | 相手の注意をそらすことによって、目的を達成する術。 |

〈いろいろなヨウジ隠れ〉

楊枝隠れ？

1. 楊枝を落として、かすかな音を出す。
2. かすかな音だからこそ、忍者などがこっそり忍び込んでいるかもしれないと、番人はそちらを注視する。

用事隠れ？

仲間に用事のある振りをさせて、番人と話し込ませる。仲間は、身振り手振りに大声で、番人の注意を引きつつ、忍者の出す物音が聞こえないようにする。

用事（トイレ）隠れ？

用事には、トイレに行くことという意味もあった。番人がトイレに行くタイミングを待って、入り口を通り抜けるということもあったかもしれない。

関連項目

- 忍術の基本→No.056

No.078
家忍の術
Steal into a House

他人の家に忍び込む術を、家忍の術と言う。番犬対策、錠前破り、気配の察知など、様々な術の集大成として、家忍の術があるのであって、一つの家忍の術があるのではない。

● **泥棒の手法に同じ**

　他人の家に忍び込む場合、自分の人影と物音が最も危険である。このため、影と音を消す除影音術が必要となってくる。

　まず、影を除くためには、光と正対しなければならない。そうすれば、影は自分の後ろにできるので、光の方から見て、影が見えない。自分は全身暗色なので、そもそも見えにくい。夜、見張りに回っている者は、自分で光源を持っている。このため、黙っていても、光と正対できる。

　しかし、庭のあちこちに松明が立っていたり、複数の見張りがいたりすると、影が横に伸びてしまい、見つかりやすくなる。逆に、見張る側にとっては、庭に松明を置いたり、見張りを複数にするだけで、忍者が見つかりやすくなる。

　次に、音を除く。これには幾つもの方法がある。

　直接音を出さない方法としては、足の裏に真綿を入れた忍び足袋を使用する、乾燥した藁や草を踏まないなどがある。竹藪に入ってもかさかさ音がするので、危険だ。ただし、風のある時には、積極的に竹藪に入る。なぜなら、竹藪が風で葉擦れの音を立てているので、自分の音をごまかしてくれるからだ。

　扉を開閉する時の軋み音は、夜中にはとても響くので注意が必要だ。ただし、これも風の強い日には、家全体が軋み音を立てているので、気にしなくても良い。

　つまり、風の強い日は、侵入日和だ。

　四足之習は、動物に似せることで侵入する術だ。暗闇なので、姿形を真似る必要はない。真似るべきは、音や気配だ。着物の裾を丸めて振りながら身震いすると、犬の身震いそっくりになると言う。

忍び込みの集大成

| 家忍の術とは | 他人の家に忍び込む術。 |

番犬対策、錠前破り、気配の察知など、様々な術の集大成。
中でも大切なのは除影音術。

| 除影音術とは | 自分の人影と物音を消す術。 |

陰を消す除影術

陰を消すには、光と正対すること！

1. 前からの光なら、影が見えないので、忍者自身が暗い衣装を着ていれば、離れていれば見えにくい。

2. 横から光を受けると、影が横に伸びるので、明るい部分と影との差で、存在が明らかになってしまう。

音を消す除音術

音を消すには、音を出さないか、他の音に紛らせること！

| 四足之習とは | 動物に似せることで侵入する術。 |

1. 生け垣の下をわざとくぐることによって、通ったのが大型犬に見せかける。普通に通ると、人間の通った跡と分かってしまう。

2. 着物の裾を握って、ブルッと震えることで、犬の身震いの音を出す。

関連項目

●物真似の術→No.067

No.079
七方出
Disguise by Seven Career

忍者が、忍者ですという姿で旅をしていたら、一瞬で捕まってしまう。そのために、様々な変装をして、身分をごまかす。そのテクニックを七方出と言う。

●**七つの職業**

戦国から江戸にかけて、人々の姿は、仕事ごとに決まっていた。このため、衣装と髷を変更するだけで、外見的にはその職業に見えた。

職業上の技術について問われてばれることはないのだろうか。当時、多くの職業の技は、子か弟子にのみ伝えられるもので、現代のように合コンの話のネタになど使われることはない。同業の人間にすら秘密にすることが多かった。つまり、その職業が必要とされる場面（医者に化けていて急病人が出たとか）に出会わない限り、変装するだけでその職業に化けることができた。これを七方出と言う。虚無僧・仏僧・修験者・商人・放下師・猿楽師・常の形の7種類だ。常の形は、その辺にいる普通の人（つまり農民）を意味したので、実質は6種類だ。

とっさの変装のためには、変り衣（リバーシブルの羽織）を使うこともあった。片方を明るめの色にして、もう一方を暗くし侵入時にはそちらを使う。

加賀（石川県）の越前流忍術では、修行中の忍者に渡し船に乗るという試験があった。

修行を終えた忍者は、それぞれ得意の変装をして、渡し船に乗った。そして、その日の夕刻には、師匠が見回りの名目で、渡し船の船頭に、今日、怪しい乗客がいなかったかと問う。

船頭が、「そんな奴はいなかったね。わしも、渡し船を漕いでウン十年、怪しい奴がいたらピンとくらあな」と答えれば合格だ。

逆に、「今日は、越中（富山県）の薬売りが乗ったんですがね。これが、どうも身についてない。新米かとも思ったんですが、もしかしたら怪しいものかもしれませんぜ」と言われるようでは落第だ。修行のし直しを命じられた。

変装は忍者の十八番

| 七方出とは | 様々な変装をして、身分をごまかす術。 |

虚無僧
顔を隠せるので、大変便利。髷を他の職業のものにしておいて、途中で変装を変えることもできる。

仏僧
宗教者は、関所をフリーパスで通れるので、忍者などのカバーにしばしば使われた。

修験者
修験者は、山にこもっていることが多いので、山中で見かけられても怪しまれることが少ない。

商人
この場合の商人は、旅から旅へと移動する行商人のことだ。

放下師
芸人の一種で、軽業師のこと。他に、歌を歌いつつ踊ったりと、色んな芸を見せた。

猿楽師
能・狂言の元となった猿楽を行う芸人。差別される対象であったものの、その分自由を許された。

No.080
桂男の術
Katsura-wo no jutsu

忍術の中には、体術としての忍術の他に、心理的忍術とでも言えるものがある。口先で相手を信じさせること、嘘を本当と信じさせること、これも忍術の一つなのだろうか。

● **忍者の深慮遠謀**

戦争が始まってしまうと、敵軍の中に入り込むのは困難になる。そのため、予め敵軍に入り込んで、その配下となってしまう術を、桂男の術と言う。我々の感覚では、これらは**忍術**ではなく、**謀略**や詐術の類だが、これも忍術である。なぜなら、**忍術秘伝書**に、堂々と掲載されているからだ。

桂男とは、伝説の月に住む男だ。手の届かないところに住む男であることから、敵の中にいる忍者も桂男というようになった。

ところが、この忍者を選ぶのが難しい。あまり有名な忍者では、敵も知っているだろう。かと言って、あまりに未熟な者を送り出すわけにもいかない。そこで、有能なのに仕官していない人物を、秘かに雇っておく。そして、十分味方となったなら、他国に移動させて住まわせる。このような人物を、「蟄虫」という。

さらに長く敵国に住み、もはやその国の住人となっている者を「穴丑」と言う。穴丑は、直接諜報に携わるのではなく、蟄虫を引き入れる時の身元引受人となり、裏切らないか監視する役割も果たす。

普通の人ではなく、忍者を敵国に送り込む場合、これを袋翻しの術と言う。そして、送り込まれた忍者を「袋」と言う。

ただ、この術が戦国時代に使われたとは思えない。と言うのは、それぞれの戦国大名は、それぞれ独自の忍者集団を使っていたからだ。これでは、忍者を送り込むことはできない。

しかし、江戸時代になって、これが一変する。各大名は、**伊賀忍者**を使うよう指示された。このため、幕府は、配下の伊賀忍者を袋として大名家に送り込むことができるようになった。これによって、大名家の知られたくない秘密を知り、幕府に逆らえないようにしたのだと言われる。

事前準備がものをいう

| 桂男の術とは | 予め味方を敵側に送り込んで、その配下としておく術。 |

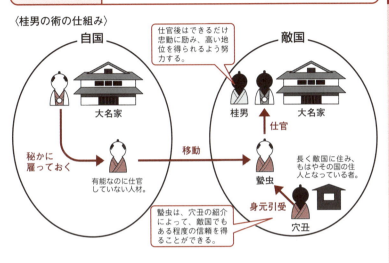

〈桂男の術の仕組み〉

袋翻しの術

| 袋翻しの術とは | 味方の忍者を敵側に送り込んで、その配下の忍者としておく術。 |

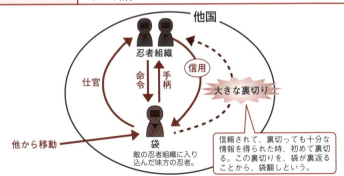

関連項目

- 忍者の任務 謀略→No.004
- 伊賀忍者→No.009
- 忍術秘伝書→No.053
- 忍術の基本→No.056

No.081
蓑虫の術
Mino-mushi no jutsu

どんなに演技力が高くても、異国の者がその国の者の振りをすると、多少の違和感が発生する。その意味で、スパイにするのに最も良いのは、元からその国の住人である者だ。

●スパイの勧誘法

　敵国の人間をスパイにしたいとして、どういう人間を選ぶべきだろうか。

　まず、敵国人を間者にする術を蓑虫の術と言う。そして、これによって裏切り者になった人間を、獅子身中の虫から、身の虫→蓑虫と言う。

　まずは、こちらに血縁のある者だ。血は水より濃いと言われる。だからこそ、血縁に裏切られた場合の恨みが深くなるわけだが、今までよくしてくれていた血縁に頼まれて、否と言える者はなかなかいない。

　徳川時代に、各大名家に仕えた**伊賀忍者**が、徳川家の伊賀忍者に情報を漏らすよう頼まれて、なかなか否と言えなかったのは、血縁の者から頼まれるからだ。

　敵国の状況によっては、誰でも裏切り者になる。政治の悪い国では、住人は皆、統治者を恨んでいる。よって、よほど忠誠心の高い者を除けば、多くの者が間者になりうる。

　どんな国にも、どんなに良い統治をしていても、不遇になってしまう者が1～2割は存在する。思った地位に就けない者を捜し出せば、容易に間者になる。

　どんな国でも、高位高官に恨みを持つ者は、必ずいる。その地位に就くために叩き潰された一族や降格された人物がいるからだ。大名家に恨みがある者なら把握されていても、その配下で高い地位にある者に対する恨みは、必ずしも把握されていないので、間者にしてもばれにくい。

　もちろん、どんな土地にも、貪欲な者はいる。彼らを利で釣るのは簡単だが、そういう人間は、身内からも警戒されているので注意が必要だ。

　このように、どんな国でも、隙のある人間は存在する。これをいかに探して間者に仕立てるかが蓑虫の術の肝だ。

敵を引き込む

| 蓑虫の術とは | 敵国人をうまく裏切らせて、こちらのスパイにする術。 |

蓑虫＝身の虫、つまり獅子身中の虫のことから名付けられた。

〈間者になりやすい人の条件〉

政治の悪い国の住人

- 無実の罪で死んだ者の血縁者や、わずかな罪科で過大な罰を受けた者。主君を恨んでいることが多い。
- 功績があるのに、わずかな恩賞しかもらえない者。その損を取り返したいと思っている。

政治的に恵まれない者

- 高位高官の家柄なのに、ふさわしい地位に昇れない者。実際には、自分が無能であっても、このような人物はそれを認められない。
- 代替わりの時に、父より禄を減らされた者。主君を恨んでいる。

- 才能があるのに、主君と気が合わないために冷遇されている者。主君を軽蔑していることが多い。
- 退転（その家を辞めて、他家に行くこと）したいのに認められない者。後足で砂をかけてやりたいと思っている。

血縁者　　　　　　　　　貪欲な者

関連項目

●忍者の任務　謀略→No.004　　　●江戸の忍者　伊賀忍者の末裔→No.020

No.082
蛍火の術

Arts of the Glow of a firefly

蛍の光。それは、はかない光だ。当時の人にとって、灯りはすなわち熱でもあった。そのため、光を求めるとは、暖を求めることでもある。しかし、蛍の光だけは暖かくなく、空虚なのだ。

●見せかけの光

　蛍火とは、すなわち偽物を言う。

　偽の書状で、敵を排除する計略を、蛍火の術と言う。

　その基本は、敵の重臣がこちらと密通しているという偽書を作成し、それを敵の手に入るようにすることにある。密通の証拠を手に入れた敵は、重臣を殺し、こちらは手を汚さず、向こうが勝手に弱体化してくれる。

　とは言え、単なる偽書程度で騙されてくれるほど、敵も甘くはない。それなりの仕掛けが必要だ。

　ここで、気になるのは、偽書で濡れ衣をかけることができるのなら、最初から重臣を暗殺してしまえば良いのではないかという疑問だ。だが、これは、戦国時代の一門というものを理解していないから生まれる考えだ。

　つまり、重臣の力というのは、もちろん当人の力量もあるが、その一族郎党も含めた武士集団の力なのだ。重臣を殺しても、嫡男が後を継ぎ、親を殺された恨みに燃えて立ち向かってきたのでは、何の意味もない。それどころか、復讐のために一族が心を一つにして、より強敵になってしまうかもしれない。

　ところが、密通によって重臣を殺された場合、一族はどう考えるだろうか。「まさか」と思うだろうが、もしかしたら一族の長だけが知っていた秘事かもしれない。

　少なくとも、重臣を殺した現在の主君を恨みに思うだろうし、うまくすれば内紛が起きる。偽書のことがばれなければ、新たな長に連絡をつければ、本当に味方になってくれるかもしれない。

　このように、成功した偽書の策略は、敵を内部から腐らせる最悪の術策だ。試してみたくなるのも当然と言えよう。

蛍火の術の術策

| 蛍火の術とは | 偽の書状で、敵を排除する術。 |

蛍火＝偽物を指すことから。

〈蛍火の術1〉

偽書を敵の重臣の家に隠す。

〈蛍火の術2〉

技量の劣る味方に、「重臣は、こちらの味方に付いた」と嘘を教えて、偽密書を持たせて使いに出す。

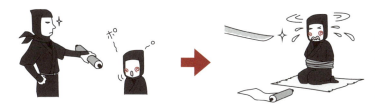

〈蛍火の術3〉

敵の忍者に、わざと重臣がこちらの味方に付いたという情報を奪わせる。

蛍火の術は単に敵を排除するだけでなく、敵陣に不和を撒き、内部から腐らせる術策。

関連項目

●忍者の任務　謀略→No.004

No.083
近入りの術
Arts of Speed Infiltration

十分な準備ができる桂男の術と違い、戦争が近づいてから敵国に潜入するのが、近入りの術だ。その分だけ、困難だし、成功率は下がる。しかし、緊急事態というのは、いつでも起こりうるものだ。

●急ぎの仕事のために

　常に、**桂男の術**が使えるわけではない。予定外の戦争が起きたり、人員不足で送り込めなかったりして、戦争が近くなったのに敵国に間者を送り込めていない場合も多々ある。

　そこで、近入りの術が存在する。

　とは言え、近入りの術を行うにも、最低限の**情報**は集めておかないことには、敵国に入り込むことすらできない。この最低限の情報を、略本術と言う。

　これらの情報は、以下のような者から集める。

　まずは、敵国を出た浪人だ。もはや敵国に未練はない上に、少なくとも武士として仕えたことがあるので、情報源としてとても優秀だ。

　次いで、敵方に出入りする商人・座頭（盲目の按摩師）・猿楽師などだ。彼らは、武士とつきあいがある上に、比較的自由な立場だ。深い情報までは持たないが、広く浅い知識を持っている。

　敵城の近在の庶人だって、うまく使えば役に立つ。さすがに、上位クラスの武士は知らないが、普請などで城に入ったこともあるだろうし、下級指揮官の顔くらい知っている。

　最後は、捕虜だ。もちろん捕虜はこちらに好意的ではない。そのため、こちらを混乱させるために嘘をつく可能性がある。捕虜から得られた情報は、他と突き合わせるなど、注意しなければならない。

　変装して無害な者として敵に入り込むことを、妖者の術と言う。変装の一番は、味方の振りだ。味方の振りができない時は、不具者か老人か子供、つまり当時の人間に無力だと考えられる者に化ける。特に、味方の振りをする場合に、情報が必要となる。

略本術で集める情報

| 近入りの術とは | 戦争が近づいてから敵国に潜入する術。 |

しかし事前に最低限の情報は必要！

| 略本術とは | 近入りの術を行う上で必要な、最低限の情報。 |

〈略本術の情報源〉

情報の質　高 → 低

- 敵国を出た浪人。
- 敵方に出入りする商人・座頭（盲目の按摩師）・猿楽師など。
- 敵城の近在の庶人。
- 捕虜。

〈略本術で集める情報〉

- 敵軍の組織名
- 幹部の氏名
- 幹部の旗指物・家紋など
- 幹部の家族 … 疑われた時、実は幹部の家族の知り合いだということにして、幹部そのものを知らないことをごまかせる。
- 主立った郎党の名前
- 屋敷や所領の所在
- 他国にいる一族・縁者の名前・職業・家族など … 他国の縁者からの紹介で現れたということにすれば、新参であることの不審さを少しでも軽減できる。
- 主要人物の交際関係 … 誰と誰が親しく、誰と誰が仲が悪いという情報を使う。仲が良いところの名前を出せば、親切にしてもらえる。仲が悪いところの名前を出せば、互いに知らないことの理由にできる。

| 妖者の術とは | 変装して無害な者として敵に入り込む術。 |

関連項目

● 忍者の任務　情報収集→No.002　　　● 桂男の術→No.080

No.084
迎入の術
むかえいれ

Arts of Advance Infiltration

人が動くと隙ができる。この隙を利用しようというのが、迎入の術だ。特に軍ともなると、その移動はそれだけで大事業と言っても良い。隙ができるのは仕方がないのだ。

●大軍の隙

　戦国時代としては小規模な1000人の部隊を考えてみよう。この部隊が2列で進軍するとする（4列で歩けるような広い道は、当時は少ない）。すると、1度に2人ずつで500組だ。当時の足軽は槍を担いでいるので、前の人間との間隔が1mでは危ない。最低でも2～3mは開けておかなければならない。人間の歩く速度を1時間4kmとすると、1秒に約1mだ。つまり3mの間隔を開けるためには、3秒ごとに出発することになる。つまり、500組が出発するとして、最初の1組が出てから最後の1組が出るまで一切の無駄がなくても、1500秒＝25分もかかる。列の長さも1.5kmだ。

　これが1万人なら、250分＝4時間以上もかかり、列は15kmにもなる。実際には、部隊ごとに大きな間隔を開けるから、もっとかかる。1日8時間進軍するとしても、実際の移動時間は4時間。最後の部隊が出発する頃には、最初の部隊は次の野営地に着いている。これが、大軍ほど動きが遅い理由だ。

　忍者にとって、軍隊が進軍する場合、目的地さえ分かっていれば、どの道を通って、どこで野営するかなど、丸分かりだ。

　そこで、予め野営地と目される場所に、忍者を隠れさせておく。これが、迎入の術だ。
むかえいれ

　野営の陣でも、外からの侵入は警戒しているが、最初から野営地の中に潜んでいるのだから、何の役にも立たない。

　そして、陣の内部で、放火、騒動の扇動、物資強奪などを行う。敵軍は、侵入もないのにこのような事態になり、味方の裏切りすら考慮しなくてはならなくなる。

　例え失敗しても、警戒のために眠れぬ者が増えれば、それで成功だ。

大軍と迎入の術

| 迎入の術とは | 野営地と目される場所に、予め忍者を隠れさせておく術。 |

大軍の移動は…
1. 全軍が移動を始めるだけで、何時間もかかる。
2. 移動時間は数時間なので、移動距離の計算も簡単。
3. 全軍が入れる広い野営地は、数が限られる。

野営地の見当を付けるのは簡単！

迎入の術の使いどころ！

1. 次の野営地と目される場所に、予め隠れておく。

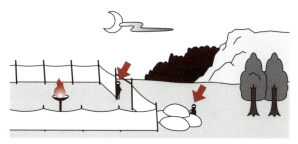

2. 夜になって、放火や武将の暗殺、物資の焼き討ちなどを行う。

関連項目

●不正規戦→No.005

No.085
参差の術
かたたがえ
The Arts of Counter Attack

攻撃しようとしている者は、自分が攻撃されることに気が付かない。奇襲しようとするものは、自分が奇襲の対象になっていることに気付かない。これを応用したのが、参差の術だ。

●攻撃する側に隙あり

　参差（かたたがえ）の術は、出陣しようとする敵の心理的間隙を突いて、こちらが敵の拠点に攻め込む、もしくは侵入する術である。

　なぜこれが成功するのかと言うと、以下のような理由がある。

　第一に、出陣する敵はこちらを攻撃することに気を取られており、自分が攻撃されることに気が回らない。スポーツの試合でもピンチが最大のチャンスと言われるのは、ピンチである＝敵が攻撃に夢中になっていることなので、敵の防御がおろそかになっているからだ。

　第二に、出陣準備は大変忙しい。兵に隊列を組ませ、順序よく送り出さなければならない。また糧食や予備の武具、（火縄銃が広まってからは）火薬や銃弾など、準備するものが多数あり、それらの準備で気を取られてしまう。

　第三に、出陣のために、出口は出入りする者が多数いて、いちいち厳密なチェックをしていられない。

　そして、最後に、主力が出陣するのだから、城内は当然のことながら手薄になる。

　敵が夜襲を狙って兵を出した時に、その城が燃え上がったりしたらどうなるだろうか。兵の士気はどん底にまで落ちる。と言うのは、兵の士気は、いざとなったら城に逃げ込めるということによって維持されている。それが燃えていれば、どうだろう。実はその火はたいしたことがなくても一介の兵にそれが分かるはずもない。全軍が崩壊してもおかしくない。

　また、そもそも、わざと城内の敵をおびき出す、水月の術もある。

　これを使えば、水月の術で敵をおびき出しつつ、参差の術で敵城に兵を入れるという、うまい組み合わせができる。

ピンチはチャンス

| 参差の術とは | 出陣しようとする敵の心理的間隙を突いて敵の拠点に攻め込む、もしくは侵入する術。 |

〈参差の術が成功する理由〉

- 出陣する敵は攻撃することに気を取られており、自分が攻撃されることに気が回らない。
- 出陣は、準備するものが多数あり、それらの準備で気を取られてしまう。
- 出陣のために、出口は出入りする者が多数いる。
- 出陣した後は城内が手薄になる。

参差の術で城に潜入し、放火などをすれば敵の士気はどん底に！

参差の術と合わせて使いたい水月の術

| 水月の術とは | わざと城内の敵をおびき出す術。 |

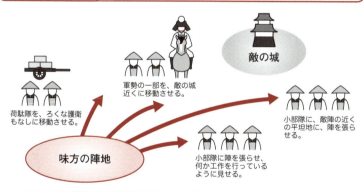

このような情報を夕方頃に手に入るようにする。
→敵は夜襲を計画してくれる。

　来ることが分かっていれば、それなりの対処もできる。秘かに後詰めを近くに置いておき、夜襲があったなら、援護に向かわせる。敵は、早々に撤退することになる。
　忍者たちは、夜襲の迎撃には加わらず、敵の合言葉や合い印を見分けることに専念する。そして、得た情報を利用して、敵の城に入り込むのだ。

関連項目

- 入虚の術→No.074
- 物見の術→No.075

No.086
虜反の術
The Arts of Roll-Over

敵に捕まった武将が、命惜しさに寝返ることは、結構多かった。そして、この結構多いということを利用するのが、虜反の術だ。配下が簡単に寝返ることの多かった戦国時代こそ、有効な術だ。

●寝返りとその利用

　虜反の術の基本は、捕虜を取った時に、捕虜に返り忠（寝返り）を勧めるというものだ。これだけなら、誰だって行うことなので、忍術とは言えない。

　もしも、返り忠に応じたなら、一族に返り忠を促す手紙を書かせる。なぜなら、武士の力は一族とその動員する兵力の力だからだ。個人の力は、もちろん重要だが、2番目だ。

　そして、戦国時代のシステムにも合致している。というのは、戦国時代の武士団は、それぞれの武将の配下であり、その武将が仕えている大名などへの忠誠心は、わずかしか持っていなかったからだ。つまり、武将が返り忠すれば、その一族郎党は全て返り忠する可能性が高いのだ。

　しかし、ここからが、この術のあくどいところだ。

　もし、返り忠に応じなかったらどうするべきだろうか。捕虜を殺してしまうというのは、下策だ。なぜなら、嫡男が後を継ぎ、恨みに燃えて戦いを挑んでくるからだ。

　捕虜が返り忠を断ったら、本人が返り忠をしたので従うようにという偽手紙を作成し、一族のところに送り付ける。うまい手紙を書ければ、一族郎党が裏切って、こちらについてくれる。そうなれば、強情に断っていた捕虜も、是非もなしとこちらに味方するしかない。

　もしも、捕虜ではなく戦いの結果死んでしまったらどうすべきだろうか。もちろん、その死を敵が知っていたなら、どうしようもない。しかし、例えば落ち武者として逃亡中に殺され、その死が知られていなかった場合、上と同じように、偽手紙を出す。騙されて寝返ってくれればよし。その場合は、傷が深くて手紙を書いた後で死んだことにする。

虜反の術チャート

虜反の術とは	捕虜の返り忠（寝返り）を利用して一族郎党ごと味方に引き入れる術。

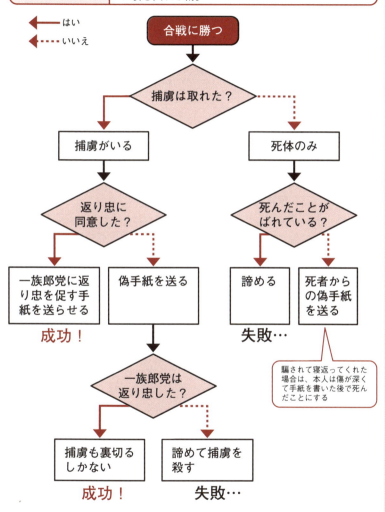

関連項目

● 忍者の任務　謀略→No.004　　　　● 蛍火の術→No.082

No.087
秘文字
Secret Character

遠国にいる忍者からは、文書で報告が届く。この報告書が敵に奪われてしまうと大変だ。そこで、忍者は一種の暗号を使っている。それが秘文字だ。

●様々な忍者の暗号

　忍者の秘文字は、忍者文字とも言う。忍者文字は、当然のことながら忍者組織ごとにあった。他の忍者組織と同じ暗号では、読まれてしまって意味がないからだ。

　しかし、残念ながら、時代の変遷のうちに失われてしまい、現在残っている忍者文字は、**伊賀**の忍者文字だけだ。

　一つは、偏と色で作られた忍者文字だ。これは、漢字のように見えるが、実は存在しない漢字を作ったもので、普通の漢文のつもりで読もうとすると、全く読めない。

　もう一つは、神代文字と呼ばれる、当時ですら使われていなかった古い文字を流用したもので、当時ですら誰も読めなかったらしい。つまり、もはや文字でなくなったものを、忍者が利用したのだろう。現在では、上野商工会議所が、パソコン用のフォントとして無料配布しているので、興味のある人は使ってみても面白いだろう。

　文字ではない暗号もある。

　「結い縄」は、その名の通り、縄のくくり方で、意味を伝える。戦国時代、切れた草鞋の縄がその辺に捨てられていることも多かったので、結い縄があっても、それらの一つだと思われて、なかなかばれなかったものと考えられている。

　「五色米」は、米粒を五色に染めて、それを地面などに撒く。その組み合わせで、「敵が出た」とか「隠れろ」といった意味を伝える。しばらくすれば、鳥などに食べられてしまうので、短い期間しか使えない。しかし、逆に言えば、放置しておいても、敵がやってくる頃には勝手に消えてくれると考えれば便利なものだ。

忍者の秘文字

| 秘文字とは | 忍者の使う暗号。組織ごとに異なっている。忍者文字とも呼ばれる。 |

伊賀に伝わる忍者文字1

へんと色名のつくりを組み合わせた忍者文字。

紫	黒	白	赤	黄	青	色	
橪ゑ	橰あ	柏や	楾ち	横い	槁い	柨い	木へん
燨ひ	熛さ	炢ま	煉む	熿た	熪り	炮ろ	火へん
壊も	堽き	坭け	城う	墴れ	埥ぬ	地は	土へん
鑅せ	鐰ゆ	鉑ふ	鉢ゑ	鑅そ	錆る	鈀に	金へん
潆す	濶め	泊こ	沫の	潢つ	清を	泡ほ	さんずい
儝ん	儠み	伯ゑ	俫お	債ね	倩わ	他へ	にんべん
	軅し	躯て	躰く	軅な	鯖か	艶と	身へん

伊賀に伝わる忍者文字2

神代文字を利用した忍者文字。

(神代文字の表)

その他の忍者の暗号

| 結い縄 | → | 縄のくくり方で、意味を伝える暗号。 |
| 五色米 | → | 米粒を五色に染めて地面などに撒く暗号。 |

いろはにほへと　ちりぬるを
わかよたれそ　つねならむ
うゐのおくやま　けふこえて
あさきゆめみし　ゑひもせす

色は匂へど　散りぬるを
我が世誰そ　常ならむ
有為の奥山　今日越えて
浅き夢見じ　酔ひもせず

関連項目

●伊賀忍者→No.009

No.088
くのいちの術
Arts of Kunoichi

「くのいち」とは、女忍者を表すと言われる。これは、「女」という漢字が「く」「ノ」「一」からなるからだと言われる。そして、「男」は「たぢから」と言う。「田」「力」からなるからだ。

●実は女忍者だけではない

「くのいち」は、女忍者を表す用語でもあるが、それだけを表す用語ではない。性を使う忍術も「くのいち」と言う。

この時、性愛を扱う女が、必ずしも忍者である必要はない。良い娼婦を紹介すると言って、娼館に連れて行って、酒を飲ませて話を聞き出すのも、十分くのいちの術だと言える。

また性愛を使う忍術と言っても、必ず女を使うわけではない。戦国から江戸時代にかけては、衆道（男同士の愛）も盛んで、美少年が好まれた。特に武士は、女を連れて行けない戦場での相手として、小姓を連れて行く者も多かった。織田信長の小姓であった森蘭丸は有名だ。

このため、衆道が好みの相手なら、女ではなく、きれいな男を使ったくのいちの術もあり得る。

くのいちの利点は、大奥や奥（大奥は将軍の妻がいるところ、奥は大名や旗本の妻がいるところ）、遊郭や尼寺などの、男性の出入りできない場所に出入りできることだ。

くのいち自身の術は下手であっても、男の忍者が潜入する手助けをさせるくらいならできるので、そういう使い方もある。

その代わり欠点もある。敵と情を交わすことが多いので、敵に惚れてしまって裏切る場合があるからだ。『萬川集海(ばんせんしゅうかい)』でも、「久の一は、その心は姦拙であって、智も口も浅はかである」と酷評されている。

そこで、対策として、くのいちとの連絡係に、くのいちが裏切れない相手（親兄弟や夫など）を用意することが必要になる。つまりくのいちごとに別の連絡係を用意しなければならないわけで、諜報網を作る際には、効率が悪い。

くのいちの術いろいろ

| くのいちの術とは | 女忍者を使った忍術、または性を使う忍術。 |

〈女忍者を使った術〉

メリット 大奥、遊郭や尼寺など男性の出入りできない場所に出入りできること。

デメリット 敵と情を交わすことが多いので、敵に惚れてしまって裏切る場合がある。
➡ 連絡係に、くのいちが裏切れない相手を用意する。

隠れ蓑の術
女忍者を女中などにして潜入させておき、外から受け取る荷物の中に忍者を潜ませる。

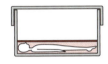

衣装箪笥の引き出しの上下をひっくり返して、人間が丸まって隠れる。潜入後は、引き出しを正しい位置にすれば、人間が入れるように見えない。

二重底になった長櫃の底に隠れる。これも、忍者が出た後は、二重底を下に落としておけば、分からない。

〈性を使った術〉

ポイント1 性愛を扱う女が、必ずしも忍者である必要はない。
➡ 娼館に連れて行って、酒を飲ませて話を聞き出すのも、十分くのいちの術。

ポイント2 必ず女を使うわけではない。
➡ 衆道が好みの相手なら、女ではなく、きれいな男を使うのも可。

くのいちの術

　色仕掛けでいい気分にして、いろいろな話を聞き出すという手段は、古来より世界中で行われてきた。

　もちろん、忍者もこの手を使う。安らいでいる時、人間は無関係な人間に抱えている秘密を話してしまいたくなる。遊郭の女郎など、普通なら無関係の人間の好例だ。

関連項目

● 萬川集海→No.054

No.089
歩行法
Walking of Ninja

忍者は、山道や森の中などの不整地を、長距離にわたって、しかもできるだけ速く歩く必要がある。なぜなら、敵に見つからずに、早く報告を上げなければならないからだ。

●忍者の足の速さ

忍者の歩き方は、独特のものがある。これは、高速で長距離を歩く必要があるからだ。一説には、忍者の歩きは1刻（2時間）に6里（24km）、つまり時速12kmと通常の3倍の速度で歩き、1日に40里（120km）も移動できたという。

その速さは、胸に菅笠を当てて、前からの風圧で落ちないほどだ。ただ、自転車よりも少し遅いくらいでは、菅笠は落ちるのではないかと思われる。

問題は、この速度が、本当に可能かどうかだ。現代のマラソン選手が時速20km以上で2時間走り続けること（趣味のマラソン選手でも、時速20km弱くらいは出す）を考えると不可能ではない。

トライアスロン選手を考えれば、1日120kmも無理ではない。

ただ、古くさい草鞋や脚絆で、栄養価の高いものも食べられなかった忍者たちが、当然のようにできたかというと疑わしいだろう。

ただ、あくまでも忍者の宣伝文句なので、忍者仲間の中で最も足が速く遠くまで駆けられる忍者の性能を、あたかも誰もができるかのように誇大広告したのだと考えれば、妥当な記録と言えるだろう。

走り方は以下のようにする。

まず、紙（和紙）を八つ折りにして奥歯でかみしめる。この紙を力紙と言う。そして、自分の足下を見ながら、小刻みに足を動かし、鼻で息をしながら走ると、長時間速く走れるという。鼻を風に当てると、疲れやすくなるという。

鼻で息をするのは、現代でも正しい。小刻みに足をあまり上げないで走るのは、マラソン走法とは異なるが、超長距離を走るのには有効だ。

忍者の歩法

> 忍者はどのぐらい歩けたか？

2時間に24km、1日に120kmも移動できたという。

- 現代のマラソン選手は、トップランナーでなくても時速20km程度で2時間は走れる。
- 時速12kmは、通常の3倍の速度！それを10時間保たなくてはならない！
- 忍者全員でなくとも、最も足が速いものの記録と考えれば納得できる速度。

〈忍者の歩き方〉

- 顔は下を向いて、あごが胸に付いているくらいに。
- 右手と右足を同時に前に出し、次に左手と左足を前に出す。
- 足はあまり上げずに歩く。

呼吸訓練

整息法

鼻の先に綿クズを付けて息をする。ただし、この時、綿クズが動いてはならない。呼吸音を静かに一定にする訓練で、人間は一定の音が鳴っている場合、それを無視してしまうからだ。

No.090
跳躍訓練法
Jumping Training

忍者は、壁や塀、石垣や堀などを乗り越えるために、ジャンプ力も必要だ。そこで、ジャンプ力を鍛えるための訓練を行うのだが、有名な訓練法に疑問がある。

●麻の逸話の真贋

忍者の訓練としてよく知られたものに、麻の実を撒いて、それが育ってくると、その草を飛び越えるという訓練がある。麻は、ぐんぐんと伸びるので、それに合わせて訓練することで、高く跳べるようになると言うのだ。

しかし、これには大いに疑問がある。確かに麻は高く伸びる草で、2m以上もの高さに育つ。しかし、麻は一年草で、秋には枯れてしまう。つまり、忍者は、わずか半年で2mもの高さを飛び越えられるようにならねばならず、しかもその草は枯れてしまうので翌年には記録が残らず、再び芽から飛ぶ練習をすることになる。これでは意味がないので、この逸話は嘘だと言われてきた。

しかし、これは麻という植物を狭く考えているから発生した誤解だ。昔の日本では、繊維の採れる植物を広く麻と呼んだ。その中でも広く栽培された苧麻は、高さ1〜2mになる多年草だ（戦国時代の栽培技術なら1.5mがせいぜいだろう）。つまり、2〜3年で1.5mを飛び越えると考えれば、妥当な訓練目標だろう。

ちなみに、忍者は、幅跳びで3間（5.4m）、高飛びで9尺（2.7m）を飛び越えるという。幅跳びの世界記録が8.95mであることから、3間の幅跳びはできそうだ。だが、高飛びの世界記録が2.45mであることを考えると、9尺の高跳びは異常な数値だ。だが、これは忍者の「飛び越える」を誤解しているから発生する疑問だ。

忍者は、スポーツマンではないから、競技のように下のバーにかすらずに跳ぶ必要はない。幅跳びなら向こう岸にしがみ付ければ良し、高跳びなら屋根に手が届いて這い上がれれば良しと考えれば、非常に妥当な数値なのだ。

麻を跳ぶ訓練

麻を飛ぶ訓練法が知られているが…

〈麻の成長〉

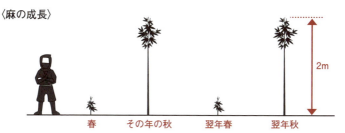

麻は、一年草なので、秋には高さ2mにもなる。これでは、訓練が追いつかない。また、翌年にはまた一から育つので、訓練にならない。

麻ではなく苧麻なら…

〈苧麻の成長〉

苧麻は、多年草なので、秋には1mちょっと、翌年も少しずつ育つので、訓練として意味がある。

忍者の「飛び越える」

忍者は幅跳びで5.4m、高飛びで2.7mを飛び越える！
ただし「飛び越える」は…

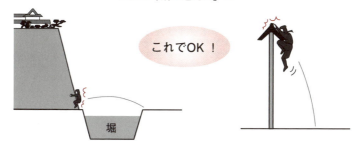

これでOK！

No.091

九字
くじ

Nine Syllables

忍者ものの創作作品では、忍者が謎の呪文を唱えて超絶技を繰り出すシーンがたびたび見受けられる。現実の忍者でも、呪文のようなものを唱えることはあった。

●忍者の呪文？

　忍者が唱えたと言われるのは、「九字」と言われ、精神統一だけでなく、悪霊退散・怨敵調伏・祈願成就といったことに効果があると言われている。

　九字は、「臨兵闘者皆陣烈在前」の9文字からなる（「陣」が「陳」になったり、「烈」が「列」になるなど、流派によって文字の差異はある）。そして、文字ごとに結印と呼ばれる指で組む印が決まっている。

　つまり、正式な九字は、一文字発音するごとに、指で結印を結び、9文字9結印を行う。

　しかし、急ぎの時に、これをやっている暇がない場合もある。この場合は、右手を刀印という形にして、横縦横縦と交互に空中に線を引く。これを「早九字」という。

　ちなみに、忍術の九字は、道教の九字の呪法と、密教の印が、修験道において組み合わされてできたものだ。これが、修験道から忍術に取り入れられた。忍術と修験道は、山岳を地盤とする点において共通点が多い。忍者の修行場と言われる場所は、ほとんど全て修験道の行場でもある。忍術育成修行法の何割かは、修験者の行から来ているとも言われる。

　リアリストである忍者が神や仏をどう考えていたのかは、資料に残っていない。ただ、同時代の武士たちがどう考えていたかは資料が残っている。それによれば、神や仏が、とんでもない大奇跡を起こせるとは信じていなかったようだが、負けたくない戦いに神仏に祈ることで多少なりとも勝率が上がるのではないかというくらいには信じていたようだ。忍者も、そう差はないものと思われる。

　その意味では、九字は忍者の心を落ち着け、術を成功させる役に立っていたのだ。

ないよりはマシ

| 九字とは | 忍者が唱えたと言われる呪文。精神統一・悪霊退散・怨敵調伏・祈願成就に効果があると言われている。 |

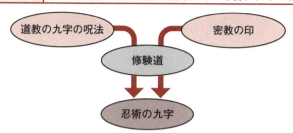

- 呪文は「臨兵闘者皆陣烈在前」の9つ（流派によって文字の差異はある）。
- 一文字発音するごとに、結印（指で組む印）を結ぶ。

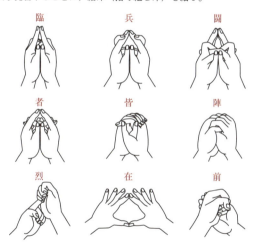

- 急ぎの時には、刀印で空中に線を引く「早九字」を行う。

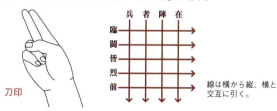

刀印

線は横から縦、横と交互に引く。

加藤段蔵

　加藤段蔵（加当段蔵と書く場合もある）は、戦国時代にいたとされる忍者だ。上忍ですらなく、体術をもって仕える一介の下忍にすぎないが、その術が優れているため「飛び加藤」と呼ばれ、現代まで名前が残っている。

　その生年も没年も正確には分かっていないが、これは忍者なら普通のことだ。『近江輿地志略（おうみよちしりゃく）』という江戸時代に書かれた地誌によれば、「永禄（1558年～1570年）のころ、鳶加藤という者、最妙手の名あり」とあるので、戦国時代半ばの忍者であることが分かる。織田信長が尾張を統一し他国に打って出ようとしていた時代が、加藤段蔵の活躍時期だ。

　その名の通り、身の軽さに長けていたとされるが、幻術も達者だったと伝えられる。

　飛び加藤は、一人働きをする忍者だったらしく、各地の大名に自分の腕を売り込みに行った。

　最初に行ったのが、上杉謙信の下だ。段蔵は、以下のような術を見せた。

生花の術：地面に種を植えると、あっという間に育って花を咲かせる。
呑牛（どんぎゅう）の術：大きな口を開けて、大人の牛を呑み込んでしまう。

　これらの術を見せた後で、謙信に仕官を請うた。謙信は、直江山城守の屋敷から刀を奪ってきてみせよと命じた。直江山城は、段蔵に備えて、庭に番犬を放ち、警護の侍も多くして待ち構えた。だが、段蔵は番犬を毒殺し、見張りを眠らせ、刀を奪うついでに小間使いの娘まで背負ってさらってきた。

　別の説では、刀を奪ってきたのは、直江山城守の屋敷からではなく、敵対していたよその大名からだとも言う。

　だが、すぎた力は疑念を呼ぶ。謙信は段蔵を生かしてはおけないと考えたが、それを察知した段蔵は逃げ出し、今度は武田信玄を訪ねた。

　信玄は、一間半（3mくらい）もある高い塀を作り、その向こうに槍衾（やりぶすま）を立てた上で、段蔵に塀を跳び越えて見せよと命じた。段蔵は、軽々と塀を跳び越えたが、そこで向こう側に槍を見て、途中で向きを変えて戻ってきた。

　信玄は、その怪しげな技を見て、土屋平八郎（つちやへいはちろう）（馬場信春という説もある）に命じて段蔵を殺させたという。厠（かわや）に入っているところを殺されたという話もあるが、本当かどうかは分からない。ただ、確かに厠は人間が気を抜く場所なので、段蔵と言えども油断したのかも知れない。段蔵が殺されたのは、永禄12年（1569年）と言われているが、これが本当ならば、珍しく没年の分かっている忍者だ。

　この話は作り話だと思われる。だが、突出した1人の忍者よりも、平均した多数の忍者をシステムとして働かせる方に、時代は変化していた。技が優れすぎていたため、その風潮に乗り遅れた忍者の悲劇と見ることもできる。

第4章
創作の忍者たち

No.092
歌舞伎の忍者たち
Ninjas in Kabuki

江戸時代、派手な興業を打った歌舞伎の演目には、様々な忍者が登場している。あり得ない技を使い、秘かに秘密を探り出す。現代のスーパースパイの役所で、忍者は活躍している。

●歌舞伎の外連

　歌舞伎に限らず、江戸時代の創作作品には、「忍者」として登場するキャラクターはいない。しかし、その行動・技からして忍者ではないかと思われるキャラクターなら、たくさん存在する。

　歌舞伎の『伽羅先代萩』では、仁木弾正というキャラクターが、ネズミに化けて巻物を盗み出す。同名の人形浄瑠璃では、常陸之助国雄という役名に変わっている。

　同じく『天竺徳兵衛韓噺』では、座頭（盲目の按摩師）に変装していた主人公の徳兵衛が、早変わりによって一瞬で着替えるなど、忍術じみた行動をする。

　また、忍者という名前ではないものの、「スッパ」なら、多くの読み物に登場する。

　『北条五代記』や『関八州古戦録』などの軍記物では、今で言うゲリラ戦を行う**不正規兵**としてスッパが登場する。兵糧の焼き討ちや、敵城に潜入しての後方攪乱など、軍師が何か仕掛けをしようとすると、そこには必ずスッパの活躍が必要となる。

　狂言（コメディ）におけるスッパは、忍者というより盗賊の役回りで登場することが多い。『六地蔵』では、主人公が登場するなり、「まかり出でたるは、都に住まいする大スッパでござる」と見得を切る。もちろん、コメディなので、主人公は村人を騙して金を巻き上げようとするが、一生懸命なのに失敗するという役所だ。

　同じく『女山賊』では、女を脅して金を巻き上げようとするスッパが、腰の刀を奪われて、金も服も巻き上げられてしまうという話だ。

　歌舞伎のスッパは、ギャグメーカーでしかないようだ。

歌舞伎の忍者はスーパースパイ

歌舞伎には、「忍者」としては出ないが、忍者っぽい活躍をするキャラクターが多数登場する。

仁木弾正

作品 伽羅先代萩

- ネズミに化けて巻物を盗み出す。
- 人形浄瑠璃では、常陸之助国雄という役名に変わっている。

徳兵衛

作品 天竺徳兵衛韓噺

- 早変わりによって一瞬で着替えるなど、忍術じみた行動をする。
- 石川五右衛門も、歌舞伎では手裏剣を投げるなど、忍者として描かれている。

狂言の忍者はやられ役

狂言におけるスッパは、忍者というより盗賊の役回りで登場することが多い。

『六地蔵』では　　村人を騙して金を巻き上げようとする主人公が、「都の大スッパだ」と見得を切る。

『女山賊』では　　女を脅して金を巻き上げようとするスッパが、腰の刀を奪われて、金も服も巻き上げられてしまう。

関連項目

● 不正規戦→No.005

No.093
読本の忍者たち
Ninjas in Yomi-hon

江戸時代の庶民の楽しみの一つに読書があった。識字率の高い日本では、読本、滑稽本、草双紙など好きな時に読める娯楽書は、現代のコミック雑誌のように、庶民に愛好された。

●江戸時代のライトノベルや漫画本

　江戸時代の日本は、世界一の識字率を誇る国で、ヨーロッパ諸国などより遙かに進んでいた。ヨーロッパ諸国などでは、書物になるものは高尚な文学だけであり、一般庶民の娯楽物語は吟遊詩人などによる口承文芸だった。だが日本では、一般庶民も字が読めたため、庶民のための娯楽読み物が求められた。

　そうして生まれたのが読本などの娯楽物語だ。

　読本は、初期には文字がほとんどで、勧善懲悪物語などが主体で、一部漢語が使われるなど、当時のちょっと背伸びをしたい読者に愛読された。後期になると、口絵や挿絵が重要になり、誰が挿絵を描いているかで売り上げが変わるなど、現代のライトノベルと変わらない様相を呈した。

　滑稽本は、会話が主体の物語で、読本より読みやすいので、日本中に広まった。会話の多さなど、内容的には、こちらの方がライトノベルにより近いかもしれない。

　草双紙は、絵双紙とも言い、絵が主体でそれに文章が付けられた本だ。コマ割こそないものの、現代で言う漫画本に相当する。子供向けの赤本、大人向けの黒本や青本、ちょっとエロに偏った黄表紙などがあった。

　これら庶民の娯楽物語には多くのヒーローや悪漢が登場した。そして、その中には、当然忍者もいた。ただし、いずれも忍者と明記されてはいない。忍びの技を使うものの、術者だったり盗賊だったり武士だったりする。

　読本『南総里見八犬伝』では、主役の1人犬山道節は、**火遁の術**を使う。だが、八犬士として目覚めると術を捨ててしまう。

　草双紙の『児雷也豪傑物語』では、**児雷也**は蝦蟇の術を使う術者で、盗賊だ。

読本と草双紙

> 江戸時代には庶民の娯楽的読み物が多数出版された。

読本

- 文字が主体の読み物。
- 初期には絵はほとんど入らず、勧善懲悪物語などが主体で一部漢語が使われるなど、ちょっと背伸びをしたい読者向け。
- 後期になると、口絵や挿絵が重要になり、誰が挿絵を描いているかで売り上げが変わるほど。

滑稽本

- 会話が主体の物語。読本より読みやすいので、日本中に広まった。

草双紙

- 絵が主体でそれに文章が付けられた本。絵双紙とも言う。
- 子供向けの赤本、大人向けの黒本や青本、ちょっとエロに偏った黄表紙などがあった。

多くのヒーロー、悪漢が登場し、忍者（的なキャラクター）も出てくる。ただ、「忍者」とは明記されていない。

忍者のキャラクター

犬山道節

作品 南総里見八犬伝（読本）

- 物語の8人の主人公の1人。火遁の術を使うが、八犬士として目覚めると、術は卑怯だとして捨ててしまう。

児雷也

作品 児雷也豪傑物語（草双紙）

- 蝦蟇の術を使う術者で、盗賊。

関連項目

- 遁法　火遁の術→No.063
- 児雷也→No.097

No.094
立川文庫の忍者たち
Ninjas in Tatsukawa-bunko

明治の終わりから大正初期にかけて、商家の丁稚さんたちなどに愛読されたのが、立川文庫だ。12.8cm×9.3cm×1cmほどの小さな文庫で、当時の少年たちに夢を与えてくれた。

●明治大正のジュブナイル

　立川文庫は、大阪の立川文明堂という小さな出版社が始めた少年向け小型書籍シリーズだ。この判型は、当時古典を主にしていた、他社の袖珍文庫に合わせたものだという。

　だが、少年向けに内容を面白くした立川文庫は、明治44年から大正12年まで200冊以上も出版されるほどのブームになった。ちなみに、一般には「たちかわぶんこ」と読まれることが多いが、正確には出版社の名前に合わせて「たつかわぶんこ」と読む。

　他社も真似をして、武士道文庫、史談文庫、英雄文庫、忍術文庫、冒険文庫など、二番煎じが大量に出た。

　立川文庫の第1編は、『諸国漫遊一休禅師』であり、その後も戦記物や講談などを中心に出版していた。だが、だんだんとネタに詰まってオリジナルの物語を作らなくてはならなくなった。

　そして、第40編に発売されたのが大正3年の『猿飛佐助』だった。この頃には、講談などの原作は使い切っており、『真田幸村』で名前だけ出した**猿飛佐助**に、『西遊記』の孫悟空などを加えてキャラクターを作った。

　それまで、勧善懲悪の型どおりの物語が多かった立川文庫に、明るく自由な猿飛佐助は魅力的だった。このため、続編の物語が求められた。

　猿飛佐助に、**霧隠才蔵**、由利鎌之助が加えられて真田三勇士が作られた。それでもヒーローの数が足りなくなって、他社の同様の本などを加えて、真田七勇士、真田十勇士とどんどん増えていった。

　もちろん、人気者の猿飛佐助も、『猿飛漫遊記』『猿飛南海漫遊』『猿飛江戸探』『猿飛東北漫遊』とどんどん続編が出た。

　こうして、立川文庫ブームがやって来た。

立川文庫と忍者たち

立川文庫とは	立川文明堂という出版社が始めた少年向け小型書籍シリーズ。

- 明治44年から大正12年まで200冊以上も出版されるほどのブームになった。
- 他社も真似をして二番煎じが大量に出た。

- 立川文庫の第40編として大正3年に発売。
- 同文庫の『真田幸村』で名前だけ出た猿飛佐助に、『西遊記』の孫悟空などを加えて作られたキャラクター。
- 明るく自由な猿飛佐助は魅力的で、続編が多く作られた。

立川文庫では真田三勇士だったが、人気が出たため、あちこちで真田忍者本が出版され、真田七勇士になり、最後は真田十勇士にまで増えた。

真田三勇士 猿飛佐助 / 霧隠才蔵 / 由利鎌之助
→ 真田七勇士 猿飛佐助 / 霧隠才蔵 / 由利鎌之助 / 三好清海入道 / 三好伊三入道 / 穴山小助 / 筧十蔵
→ 真田十勇士

真田三代記と真田十勇士

『真田三代記』とは江戸末期の講談で、真田一族の戦いを描いた物語。特に、真田信繁（幸村）をヒーローとして描いている。

猿飛佐助	『真田三代記』の異本に名前だけ存在するが、性格や言動などは全て架空のもの。忍者だが、明るい性格で、痛快な活躍をするため、少年たちに人気が出た。
霧隠才蔵	『真田三代記』に霧隠鹿右衛門の名で登場する。ニヒルな忍者。
三好清海入道	大阪夏の陣に三好清海という人物が参戦している。三好政康の後進だとも言われる。ただし、その活躍は全く架空のもの。豪快な僧兵で忍者ではない。そのため、猿飛らの忍術にびっくりさせられることが多い。
三好伊三入道	大阪夏の陣に徳川方として参戦した、三好政勝（当時は三好為三と名乗る）がモデルなので、清海の弟になっている。ただし、真田家とは何の関係もない。
穴山小助	『真田三代記』に登場する穴山小助がモデル。穴山は、武田家の親族衆に存在した名字。槍の名手とされる。真田幸村の影武者を務める。
海野六郎	『真田三代記』に海野六郎兵衛利一の名前で登場する。海野は信濃の名家で、真田の本家に当たる。頭が良く、参謀格。
筧十蔵	真田家に仕えた実在の武将、筧十兵衛がモデルとされる。種子島（鉄砲のこと）の名手。
根津甚八	『真田三代記』の根津甚八、さらに遡ると実在の武将禰津貞盛がモデルとされる。
望月六郎	『真田三代記』の望月卯左衛門幸忠がモデル。望月は信濃の名家。爆弾の製造などを行う。
由利鎌之介	『真田三代記』の由利鎌之介がモデル。鎖鎌と槍の名手。

関連項目

●猿飛佐助→No.098　　　　●霧隠才蔵→No.099

No.095 風太郎忍法帖

Ninpo-cho by Futaro

日本の創作史において、何度か忍者ブームが起こっている。その中で、昭和30年代に起こった忍法帖ブームの立役者は、間違いなく山田風太郎であり、その一連の作品は「風太郎忍法帖」と呼ばれている。

●おどろおどろしいエログロ

　山田風太郎の、忍者もの創作における功績は、大きく3つある。

　第一は、「忍術」ではなく「忍法」という言葉を作ったことだ。

　風太郎の忍法は、完全に空想のもので、このため、「魔法」を想像させる「忍法」という言葉を使ったのかもしれない。そしてそれを記録したものということで、「忍法帖」と名付けている。風太郎の忍者ものの大半、特に前期はほぼ全てが、「○○忍法帖」という題名が付けられている。

　その後、風太郎にならって「○○忍法帖」という創作作品が幾つも作られた。

　第二は、チームバトルものの元祖となったことだ。

　風太郎忍法帖では、敵味方の忍者が、それぞれチームを作っている。そして、その中で、一対一（まれに例外もあり）の戦いを繰り返し、勝敗を競う。このような形式の物語は、それまで存在しなかったため、読者に新鮮に受け取られた。この影響は、忍者ものにとどまらない。

　現在のコミックでよく見かける超絶能力を使う「チームバトルもの」は、風太郎忍法帖から始まったと言って良いだろう。

　第三が、エログロ風味だ。風太郎の忍法には、エロスとグロテスクがちりばめられている。これは、それまでの忍者もの創作にはなかった要素であり、忍者ものを大人の読み物とする効果もあった。

　もちろん、昭和30年代のことなので、今読めばおとなしいものだが、当時としては画期的なことだった。

　このように、風太郎忍法帖は大人気となり、後年になっても、コミック化や映像化が何度も試みられている。題名には「忍法帖」と付いていないが、『魔界転生』が最も有名だ。

風太郎忍法帖と対決リスト

> 山田風太郎の忍法帖シリーズは、昭和30年代に忍者ブームを引き起こした。

〈山田風太郎の忍者作品の特徴〉
- 「忍法」という言葉を作った。
- 一対一の戦いを繰り返し、勝敗を競うチームバトルを取り入れた。
- エロスとグロテスクの要素が入り、忍者ものを大人の読み物とする効果もあった。

題名	対決		
甲賀忍法帖	甲賀十人衆		伊賀十人衆
江戸忍法帖	将軍御落胤葵悠太郎		甲賀七忍
軍艦忍法帖	飛騨忍者乗鞍丞馬		近代兵器を使う5人
くノ一忍法帖	真田くノ一五人衆		伊賀鍔隠れ五人衆
忍者月影抄	公儀御庭番伊賀七人衆		御土井下組甲賀七人衆
外道忍法帖	切支丹くノ一十五人衆	天草党伊賀忍者十五人衆	張孔堂甲賀忍者十五人衆
忍法忠臣蔵	能登組くノ一六人衆		能登組十人衆
信玄忍法帖	真田忍者猿飛と霧隠		伊賀組九人衆
風来忍法帖	香具師忍者と風摩くノ一七人衆		風摩組三人衆
柳生忍法帖	堀主水遺女七人と柳生十兵衛		会津七本槍衆
忍法八犬伝	八犬士		伊賀組くノ一八人衆
魔界転生	柳生十兵衛		転生衆
魔天忍法帖	鶉平太郎と猿飛と百地		石川五右衛門
伊賀忍法帖	伊賀忍者笛吹城太郎		根来七天狗
忍びの卍	根来組	伊賀組	伊賀組
自来也忍法帖	自来也		伊賀無足人組
忍法剣士伝	忍者木造京馬		剣の騎士団
銀河忍法帖	無頼者六文銭の鉄		伊賀組五人衆と愛妾五人衆
秘戯書争奪	公儀忍び組甲賀くノ一七人衆		伊賀組七人衆
忍法封印今破る	伊賀忍者おげ丸とくノ一三人		甲賀組五人衆
海鳴り忍法帖	ミカエル厨子丸		根来忍法僧
忍者黒白草紙	箒天四郎		塵ノ辻空也
忍法双頭の鷲	根来お小人		伊賀組
柳生十兵衛死す	柳生十兵衛		柳生十兵衛

注：以上は長編のみ。短編も多数ある。

No.096
白土三平忍者漫画
Ninja Comic by Sanpei Shirato

山田風太郎とほぼ同時期に、漫画の世界では白土三平が現れていた。それまでの忍者ものと異なり、大きな物語を背景にした長編ドラマに忍者を組み込むことで、忍者ものの創作に新しい風をもたらした。

●リアルな世界の忍者

　白土三平の忍者漫画は、それまでの忍者漫画に比べて、非常にリアルだった。忍者の戦いは、歴史の中での戦いの一側面であり、忍者だけで歴史を進めることはできない。例えば、初期の代表作『忍者武芸帖影丸伝』でも、主人公の影丸は優れた忍者だが、それでも城を奪うのは、農民の蜂起による。時代の変化をもたらすのが農民のような庶人であるあたり、若い頃に白土三平が影響を受けた唯物史観の影響を見る者もいる。

　手塚治虫は、少年漫画にドラマとリアリティと思想が持ち込まれたのは、白土三平の影響だと主張している。

　また忍者に関してもリアルを求めた。忍者であっても、斬られれば死ぬ。もちろん、主人公格が殺された場合、殺されたのは影であったといった理由を付けて、後で登場するのだが。実際、影丸もカムイ（『カムイ伝』の主人公）も何度か殺されているが、その度に死んだのは影一族などの影武者だったとして、再登場している。

　忍術一つをとっても、図解を付けて忍術のタネを載せることで、魔法ではなく技術によって**忍術**を行っているのだと説明している。超絶技をただ凄い技として出すのではなく、何らかの理屈を付けて説明することで、読者に凄さを印象づけるという手法は、白土三平から始まったものだ。ただ、その理屈自身が、忍者に物理的に不可能な体術を要求する荒唐無稽なものだったためか、その手法の継承者も理屈自体が荒唐無稽で良いと理解してしまったようだ。

　このように、幾つもの画期的手法を用いた白土三平の忍者漫画は、忍者ものだけでなく、幅広い影響を漫画史に残している。

白土三平の代表作

> 白土三平の忍者漫画は、ドラマとリアリティが付け加えられ、忍者ものだけでなく、幅広い影響を漫画史に残している。

〈白土三平の忍者漫画の特徴〉

- 忍者の戦いは歴史の一側面であり、忍者だけで歴史が動いたりはしない。
- 忍者であっても、斬られれば死ぬ。また、図解を付けて忍術のタネを載せ、忍術は技術であって魔法ではないとした。

〈白土三平の代表作〉

『忍者武芸帖 影丸伝』

主人公 影丸

- 伊賀忍者であった坂上主膳に乗っ取られた城主の息子結城重太郎を助ける忍者影丸。だが、影丸は、それ以外にも、農民たちを組織して武士の支配を打ち崩そうと戦い続けていた。

『サスケ』

主人公 サスケ

- 甲賀忍者サスケは、真田幸村配下の甲賀忍者大猿の息子だ。豊臣残党の狩り出しを行う服部半蔵配下の伊賀忍者と柳生但馬守配下の柳生忍者の追跡を受けつつ、逃亡と戦いの生活をおくる。

『カムイ伝』
『カムイ外伝』

主人公 カムイ

- 非人部落出身のカムイは、斬首の刑となった双子の弟を見て、強くなるために忍者になる。だが結局、カムイは抜け忍になる。物語自身は、百姓の正助がだんだんと主人公格になっていき、江戸時代を重税と飢饉の時代として描きつつ、百姓の暮らしと歴史を描くようになる。
- 『カムイ外伝』では、『カムイ伝』で主人公から外れてしまったカムイが、抜け忍となってからの追っ手との戦いを描く。比較的忍術の戦いを主体としている。

関連項目

- 忍術の基本→No.056
- 風太郎忍法帖→No.095

No.097
児雷也
Jiraiya

江戸期の架空の忍者（？）で、最も有名なのは、やはり児雷也だろう。自来也と書くこともある。歌舞伎や読本、黄表紙などで活躍した義賊だ。

●三すくみ

　児雷也は、完全に架空の人物で、元は中国の小説に登場する盗賊だ。盗んだところに、「我来也」と書き残したため、「我来也」という名が付けられたという。中国には、我来也が実在したという説もあるが、よく分かっていない。

　この人物が日本に持ち込まれて、「自来也」と改めて**読本**の『自来也説話』になり、漢字を変えて草双紙の『児雷也豪傑譚』、**歌舞伎**における『児雷也豪傑譚話』などが作られた。

　児雷也は、蝦蟇の妖術を使う義賊だ。『自来也説話』では三好家浪人だし、『児雷也豪傑譚』では肥後の豪族とされ、作品によって出自は変わっているが、侍の子であることは確かなようだ。

　児雷也の蝦蟇術は、大蝦蟇を呼び出してその上に乗るものだったり、自ら大蝦蟇に変身するものだったりと様々だが、歌舞伎などでは役者を蝦蟇に変身させるわけにはいかないので（せっかくの美男役者の顔が見えなくなると困る）、大蝦蟇に乗って見得を切ることになった。そして、そちらの方が有名になったため、現在では大蝦蟇に乗った児雷也の姿が一般的になっている。

　児雷也ものには、重要なキャラクターが2人いる。宿敵ともライバルとも言える蛇の妖術を使う大蛇丸。妻である蛞蝓の妖術を使う綱手姫だ。この3人は、得意な相手と苦手な相手があり、三すくみとなっている。

　蝦蟇は蛞蝓を食べる。蛇は蝦蟇を食べる。蛞蝓は蛇を溶かしてしまう。これが三すくみで、児雷也は大蛇丸に勝てないが、妻の綱手姫の助けで倒すことができる。三すくみは、ドラマ作成に便利なので、児雷也たちをモデルに、その後も多くの三すくみが作られた。

児雷也の出自

児雷也は元々中国の小説のキャラクターだった。

中国の小説

- 元々の小説では盗賊。
- 盗んだところに「我来也(われきたるなり)」と書き残したため、「我来也(がらいや)」という名が付けられた。
- 実在した？

『自来也説話』（読本） → 『児雷也豪傑譚』（草双紙）
『自来也説話』（読本） → 『児雷也豪傑譚話』（歌舞伎）

〈共通するキャラクター〉
- 義賊。
- 侍の子。
- 蝦蟇の術を使う。蝦蟇の術は大蝦蟇に変身したり、大蝦蟇を呼び出したりと様々。
- ライバルの大蛇丸と、妻の綱手姫と3人で三すくみの状態。

三すくみの図

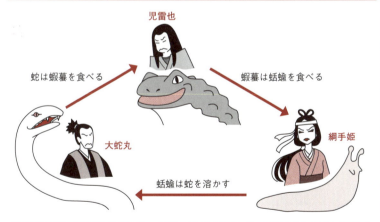

蛇は蝦蟇を食べる / 蝦蟇は蛞蝓を食べる / 蛞蝓は蛇を溶かす

児雷也 / 大蛇丸 / 綱手姫

蝦蟇は蛞蝓を食うことができるが、食ってしまうと自分が蛇に食べられる。このため、蛞蝓に手を出すことができない。
　そう考えると、大蛇丸は児雷也を倒すことができるが、奥さんの綱手姫が恐くて手を出せないわけだ。物語でも、綱手姫を妻に迎えて、大蛇丸を倒している。意外と情けない旦那である。

関連項目

● 歌舞伎の忍者たち→No.092　　● 読本の忍者たち→No.093

No.098
猿飛佐助
Saru-tobi Sasuke

今や、日本を代表する忍者となった猿飛佐助だが、その登場は江戸時代にまで遡る。だが、人気者になったのは、大正時代になってからのことだ。

● **立川文庫のヒーロー**

　猿飛佐助の名が出てくるのは、江戸後期だ。当時の大阪城合戦絵巻には、真田幸村の近くに猿飛佐助の名もある。ただし、江戸初期には、その名は全く出てこないことから、当時の**読本**（よみほん）文化などの中から自然に出てきた名前なのだろう。ただし、その活躍は、ほとんど伝わっていない。真田幸村を活躍させる都合上、その部下として創作されたものと考えられている。

　その後も、猿飛佐助が登場することはあったが、幸村の部下として様々な忍び働きをするだけで、目立った働きなどしていない。

　猿飛佐助が主人公になったのは、大正時代に**立川文庫**（たつかわぶんこ）という、少年向けの小型本が発売されてからだ。その第5編に『知謀　真田幸村』が出版されるが、ここでの佐助は、まだ幸村の忠実な配下にすぎない。猿飛佐助が一本立ちするのは、第40編に『真田三勇士忍術名人　猿飛佐助』が発売された時だ。実は、忍者を主人公とした、最初の物語でもある。忍者ものの創作は、ここから始まったのだ。

　しかもこの佐助、いかにも明朗快活だ。今まで、忍者と言えば影で、寡黙で、何をしているのかよく分からない存在だった。ところが、佐助はと言うと、おしゃべりで悪戯好き。暇があると、徳川家康のところに行って、ちょんまげを引っ張ったり、頭を叩いたりと、やりたい放題だ。

　正直言って、現代の目から見ると、物語的には稚拙なものだ。何しろ、佐助が全能すぎて、ちっとも危機に陥らない。忍術も、呪文を唱えるだけで、何でもできてしまう。

　しかし、立川文庫は小中学生や丁稚の少年たちが、隙間時間に読むものだ。大人にとって多少物足りなくても、それは仕方ないだろう。佐助は、少年たちの一大ヒーローとなった。

猿飛佐助の出自

> 猿飛佐助は、江戸後期に創作されたキャラクターだが、有名になったのは立川文庫に登場してから。

江戸後期の大阪城合戦絵巻
- 真田幸村の近くに猿飛佐助の名がある。
- 江戸初期には、その名は全く出てこない。
- 真田幸村を活躍させるために作られたキャラクター？

『知謀　真田幸村』（立川文庫）
- 幸村の部下として様々な忍び働きをするだけで、目立った働きはしない。

『真田三勇士忍術名人　猿飛佐助』（立川文庫）
- 忍者を主人公とした、最初の物語。
- おしゃべりで悪戯好き。
- 呪文を唱えるだけで、何でもできてしまう全能のヒーロー。

少年たちに大人気となり、様々な続編や後追い創作でキャラクターが膨らんでいった。

猿飛佐助の忍術

1.姿を消す
印を組んで呪文を唱えると、姿を消すことができる。こうなると、どんな武士も佐助を見つけることができず、当然攻撃することもできない。

2.物体浮遊
作品中では、捕まった仲間を、ふわふわと空中に浮かべて救出している。

3.暗殺
姿を消したままで、相手の首を落とす。もしかしたら、透明なままで、刀を振るっているのかもしれない。

4.諜報
姿が消せるので、徳川方の軍議に出て、作戦を全て聞いてしまう。もちろん、その情報は、真田幸村に知らせている。

関連項目

● 読本の忍者たち→No.093　　　● 立川文庫の忍者たち→No.094

No.099
霧隠才蔵
Kiri-gakure Saizo

立川文庫で、猿飛佐助とコンビを組む忍者ヒーローと言えば、霧隠才蔵だ。猿飛佐助が、陽気で明るいキャラクターであるのに対し、才蔵は、ニヒルで冷静なキャラクターだ。

●かっこいい忍者

　江戸時代に成立した『真田三代記』という講談がある。ここには、霧隠鹿右衛門という忍者が登場する。この鹿右衛門をモデルに、**立川文庫**が創作したのが、霧隠才蔵だ。立川文庫第55編『真田三勇士忍術名人　霧隠才蔵』の主人公で、真田昌幸、幸村の親子を助けて活躍する。

　霧隠才蔵は、忍者ではあるが、同時に武士でもある。なぜなら、主君である真田昌幸の使者として、他の武将のところに出かけることもあるからだ。このあたりは、純粋な忍者である**猿飛佐助**とは違う。

　性格も逆だ。明るくのんきで、あまり物を考えない佐助に対して、頭もよく弁舌もうまい才蔵。自分の能力もきちんと分かっている。

　武士2人と戦う時には、忍術を使って戦う。「卑怯だぞ」と言われても「尋常の勝負をしては此方が負けるわい。これが俺の本職だ」と言い返している。武士と忍者で、正面から戦ったのでは、分が悪いことをきちんと理解している。

　と言っても、才蔵も忍者であって、自由に姿を消したりできるのは、佐助と同じだ。

　立川文庫の設定では、江州（滋賀県）の出身で、滅びた浅井家の侍大将霧隠弾正左衛門の嫡子だ。浅井家が滅んだ時に、伊賀に落ち延びた。15歳の時から百々地三太夫（百地三太夫のことだと思われる）に忍術を習ったことになっている。つまり、才蔵は**伊賀忍者**だ。真田忍軍が、戸隠の忍者だと思われるところ、才蔵だけが忍術の系統が違う。

　そのためか、他の忍者と組んで仕事をすることは少なく、一人働きが多い。互いの忍術の秘技を見せないためかもしれない。ただし、武士として戦う時は、三好清海などと組んで暴れることが多い。

霧隠才蔵の出自

霧隠才蔵は、講談の忍者を元に、立川文庫で創作されたキャラクター。猿飛佐助と対をなす。

『真田三代記』（講談）

- 江戸時代に成立。
- 霧隠鹿右衛門という忍者が登場。

『真田三勇士忍術名人　霧隠才蔵』（立川文庫）

- 真田昌幸、幸村の親子を助けて活躍。
- 浅井家の侍大将霧隠弾正左衛門の嫡子という立派な武士。
- 15歳の時から百々地三太夫に忍術を習う。
- 頭が良く、ニヒルで冷静なキャラクター。
- 他の忍者と組んで仕事をすることは少なく、一人働きが多い。

猿飛佐助と好対照のキャラクター。佐助のコンビとして定着した。

霧隠才蔵の忍術

1.姿を消す
真田昌幸が息子信之の妻のところに、才蔵を使者に出す。20人の兵士に囲まれた才蔵は、姿を消して逃げ出す。

2.雨を呼ぶ
百々地三太夫の元を出る時、屋敷から出火するのが見えた。師匠が自分を試しているのだと思った才蔵は、九字を切って呪文を唱えると、天にわかにかき曇り、強い雨が降って、火事は鎮火した。

3.猫を出す
同じく師匠が試しに大ネズミを出すと、それに対抗する大猫を出して、ネズミを噛み殺す。

関連項目

- 伊賀忍者→No.009
- 立川文庫の忍者たち→No.094
- 猿飛佐助→No.098

No.100
Ninjutsu
Ninjutsu

海外でも、Ninjaは非常に有名で、なおかつ人気がある。そして、Ninjaになりたいという憧れが高じてか、忍術を習おうとする人も、かなりの人数がいる。

●マーシャルアーツ・ニンジュツ

　ここまで読んできた読者は、本来存在していた**忍術**が戦闘技術ではなく、諜報技術や潜入技術、術策の類であることを理解しているだろう。しかし、海外では、武道の一つとしてのNinjutsuが、広まっている。

　このように広まっている忍術は、現代になってから、ボクシング、骨法、柔術、空手、古武道など様々な武道・格闘技をまとめ、総合格闘技の一つとして作られたものだ。

　その中で最大のものが、戸隠流忍術を教える武神館で、全世界で10万人以上の門下生を擁する大武道道場だ。日本より海外の門下生の方が遙かに多いので、日本ではそれほど目立たない存在だが、海外では広く名前が知られている。その内容は、徒手格闘技にとどまらず、剣術・棒術・**手裏剣術**などの武器戦闘、体術や水練などの運動能力など、幅広く扱っている。

　このため、一部の国では、警察や軍、情報部などにおいても、格闘技の一つとして忍術を教えるところもある。

　欧米諸国だけではなく、アジアやイスラム諸国にも、忍術道場は広がっている。と言うのは、忍術はイスラム圏、特にイスラム教徒の女性にとって大変都合が良い武道だからだ。

　イスラムでは、女性はヘジャブという被り物で頭を覆っていなければならない。大半の格闘技では頭はむき出しだが、忍術は流派にもよるが**忍者装束**を着て行う流派もあり、その場合は頭巾を被って行っても良い。これが、宗教的ルールを守りつつ、護身術を学ぶという、イスラム教女性信者の気持ちに合致しているからだ。

　今後も、日本であまり知られないままで、世界中に忍術が広まっていくと思われる。

世界の忍術流派

> 海外では、武道の一つとしてのNinjutsuが広まっている。

これらの忍術は、現代になってから、様々な武道・格闘技をまとめ、総合格闘技の一つとして作られたもの。

流派	日本語表記
Bujinkan	武神館
Shadows of Iga Society	
Nindo Ryu Bujutsu Kai	忍道流武術会
Dux Ryu	
To Shin Do	刀心道
Genbukan Organization	玄武館
Akban	
Kuroryukan	黒龍館
Banke Shinobinoden	伴家忍之傳研修所
Quest Centers	
Jussen Kobudo Jinenkan	自然館
Kage No Michi Ninjutsu	影の道忍術
Hosho Ryu Ninpo	歩哨流忍法
Budo Ryu Kai	武道流忍術

- 戸隠流忍術を教える。
- 全世界で10万人以上の門下生を擁する。
- アメリカで発祥した、武神館系忍術。

これらの中には、日本が起源ではなく、日本人以外が、日本以外の国で始めた忍術も存在する。大半の忍術道場の宗家は日本人ではない。

意外な利点

> アジアやイスラム諸国にも、忍術道場は広がっている。

イスラム教徒の女性は頭を覆っていなければならない。

▼

忍者装束を着て行う流派もあり、イスラム教徒の女性に都合がいいため、護身術として人気。

関連項目
- 忍者装束→No.032
- 忍術の基本→No.056
- 手裏剣術→No.057

忍者名鑑

■杉谷善住坊
すぎたにぜんじゅぼう

　杉谷善住坊は、信長と対立していた六角氏配下の甲賀武士の子で、伊勢朝熊明宝院の僧侶だ。厳密に言えば忍者ではない。だが、僧侶と言っても、当時の寺は僧兵を抱える封建領主の一つだ。善住坊は、火薬の調合がうまく、飛ぶ鳥を狙って外したことがないと言うほどの鉄砲の名手として知られていた。

　当時の忍者は、鉄砲をいち早く取り入れた。甲賀では、甲賀張りという手法で鉄砲の製造も行われていた（近くにある鉄砲製造で有名な国友から技術を導入したのかもしれない）。そんな土地出身の善住坊が忍者と全く縁がなかったとは考えられない。少なくとも鉄砲製造に関しての縁はあったはずだ。

　善住坊は、織田信長を狙撃したことで名前が知られている。元亀元年に信長が京から岐阜へと帰る途中のことだ。しかし、飛ぶ鳥にも当てられるはずの善住坊が、なぜか信長に命中させられず、その場は逃げ出したものの、捕まって死刑になっている。

■果心居士
かしんこじ

　果心居士は、筑紫の出身と言うが、定かではない。幻術をもって各地の大名に招かれていた。

　ある時、松永弾正に「自分を恐れさせてみよ」と命じられると、天がにわかにかき曇り、雨が降り出した。そして、弾正の前に美しい女性が現れ、「今宵は、さぞ徒然でございましょう」と言う。女は、数年前死んだはずの愛妾だった。さすがの弾正も冷や汗をかいて、「果心止めよ」と言うと、雨など降っておらず、そこには果心居士しかいなかったという。

　果心居士は、太閤秀吉にも、同じことを命じられ、そこで女を1人出した。女は「あんたの秘密を知ってるわ」と言う。そう、その女は秀吉が隠しておきたいと思った秘密をただ1人だけ知っている女だった。

　現代の目で見れば、果心は一種の催眠術を使い、秀吉が自分で恐いものを想像しただけだとも考えられる。しかし、秀吉は、果心もまた秀吉の秘密を知っているのではないかという疑念にとらわれた。秀吉は、秘密を守るために、果心を磔にすることにした。

　磔になる直前、「自分は、色んな動物に変身したが、まだネズミに変身したことがない。最後に変身させてくれないか」と言った。ネズミに変身した果心は、磔の柱を駆け上がった。すると、そこにトンビが飛んできて、ネズミを捕まえて去っていった。

　果心は、ネズミに変身してしまったがためにトンビに食われて死んだという説と、トンビをうまく使って秀吉の手を逃れたという説の両方がある。真実は、誰にも分からない。

■野村ノ大炊太夫
のむらのおおいだゆう

　『萬川集海』に忍び込みの上手として登場する忍者。

　太夫がある屋敷の塀の下に穴を掘って忍び込もうとしていた時のことだ。土を掘る音に屋敷の者が気付いて、穴が開いたら一突きにしようと槍を持って待ち構えていた。

　そこで太夫は、「家人が起きたようだ」「こ

こは引き上げだ」「それがいい」と声色を変えて、耳を澄ませた者が何とか聞こえるくらいの小声で話した。数人の忍びが相談しているかのように見せかけたのだ。

それを聞いた家人は、逃がさんと門を開けて追いかけた。忍者は、その隙に、開いた門から中に忍び込んだ。門が開くなら、わざわざ穴を掘る必要もないのだ。

■ 新堂ノ小太郎
しんどうのこたろう

『萬川集海』に登場する忍者で、水遁の術を使った実例を残した。

敵の屋敷に忍び込んだ時、庭で警護のものに見つかって追われた。そこで、井戸に石を投げ込んで、自分が井戸に落ちたように見せかけ、警護の者が井戸に集まった隙に脱出した。

■ 楯岡ノ道順
たておかのどうじゅん

『萬川集海』に登場する忍者で、別名伊賀崎道順とも言う。

六角氏の依頼で百々氏の立てこもる佐和山城を攻略した。忍び込むのではなく、百々氏の主君である京極氏の提灯を48人の忍者全員に持たせて、援軍の振りをして堂々と正面から入り込んだ。そして、その夜、城のあちこちに放火しつつ「返り忠（裏切り）だ」と叫んで回った。城内は大混乱に陥り、同士討ちすら起きてしまう。その隙に、道順は城門を開き、六角氏の兵を中に入れて、城を占領した。

■ 音羽ノ城戸
おとわきど

『萬川集海』に、鉄砲の名手として登場する。

伊賀に攻め込んだ織田信長を狙撃したが、この狙撃は失敗した。

■ 山田ノ八郎右衛門
やまだのはちろうえもん

『萬川集海』に登場する変装の名人。

八郎右衛門は、友人と腰の刀を賭けて、その刀を盗んでみようと請け負った。友人は、刀を盗まれないためには、逆に八郎右衛門を見張れば良いと考え、尾行した。だが、その八郎右衛門こそが替え玉で、本物は側で隙をうかがっていた。案の定、腰の刀は奪われてしまい、賭けは八郎右衛門の勝ちとなった。

■ 望月与右衛門
もちづきよえもん

島原の乱の時に、幕府方で働いた忍者。

乱の当時、33歳の働き盛りだが、既に平和になって数十年経ち、技の修練に不足があったようだ。城内に忍び込んだが、落とし穴に落ちてしまった。

■ 芥川清左衛門
あくたがわせいざえもん

島原の乱の時に、幕府方で働いた忍者。

乱の当時、60歳ともはや老人だったが、戦国の時代を若い頃に体験していたためか、慎重で技もあったようだ。城内に忍び込んだ時、相方だった望月与右衛門が落とし穴に落ちたので、助けて共に脱出した。

■ 山中大和守俊好
やまなかやまとのかみとしよし

甲賀郡中惣の旗頭の1人。

六角氏に仕えるが、六角氏滅亡後は織田

氏、さらに豊臣氏に仕える。後に改易となり帰農したとされる。

■百地三太夫
ももちさんだゆう

　伊賀三上忍の1人で天正伊賀の乱で最後まで戦った百地丹波の別名とされる。丹波と三太夫は別人で、三太夫が丹波の子孫だという説もあり、はっきりしたことは分かっていない。

■風魔小太郎
ふうまこたろう

　足柄山中を地盤とする相州乱破風魔の長。代々小太郎を名乗っていたとされる。北条氏が滅んで、徳川家が関東に来てからは、盗賊となった。5代目小太郎は、盗賊として捕まり処刑された。

■富田郷左衛門
とみたごうざえもん

　武田信玄の忍者集団三つ者の頭領だったとされる。この集団は情報収集が巧みで、遠方の情報も手に入れられた。そのため信玄は「足長坊主」と呼ばれた。

索引

あ

灯り（あかり）..................................92
芥川清左衛門（あくたがわせいざえもん）
....215
明屋敷番（あけやしきばん）....................47
足長坊主（あしながぼうず）....................40
穴丑（あなうし）................................170
歩き巫女（あるきみこ）....................10、43
伊賀（いが）......................................24
伊賀越え（いがごえ）............................32
伊賀惣国一揆（いがそうこくいっき）......26
伊賀惣国一揆掟書
（いがそうこくいっきおきてがき）..........26
伊賀二百人組（いがにひゃくにんぐみ）
....46
伊賀忍者（いがにんじゃ）......................24
甲賀百人組（いがひゃくにんぐみ）..........52
伊賀者（いがもの）..............................28
石川五右衛門（いしかわごえもん）..........44
伊勢三郎（いせさぶろう）......................22
『伊勢三郎忍び軍歌』
（いせさぶろうしのびぐんか）..................22
糸菱の法（いとびしのほう）..................156
犬山道節（いぬやまどうせつ）................198
入子火（いりこび）................................92
入堕帰の術（いりだきのじゅつ）............162
石見銀山（いわみぎんざん）..................111
陰中陽の術（いんちゅうようのじゅつ）...146
右近殿（うこんどの）............................60
鶉隠れの術（うずらかくれ）..................148
打鈎（うちかぎ）..................................96
打竹（うちだけ）..................................83
絵双紙（えぞうし）..............................198
越中褌（えっちゅうふんどし）................74
役行者（えんのぎょうじゃ）....................20
御色多由也（おいろたゆや）....................18
大海人皇子（おおあまのおうじ）............20
大村雨（おおむらさめ）..........................91
大物見（おおものみ）............................11
御徒士目付（おかちめつけ）....................60
御小人目付（おこびとめつけ）................60
音羽ノ城戸（おとわのきど）..................215
鬼菱（おにびし）..................................84
御庭番（おにわばん）............................62
御広敷番（おひろしきばん）............47、62
御目付（おめつけ）................................60
折りたたみ十字手裏剣
（おりたたみじゅうじしゅりけん）..........79
大蛇丸（おろちまる）..........................206
隠形（おんぎょう）..............................148
隠形鬼（おんぎょうき）..........................21
遠国御用（おんごくごよう）....................62
隠密廻り（おんみつまわり）....................60

か

開器（かいき）..................................102
外聞（がいぶん）................................119
火器（かき）......................................90
嗅ぎ（かぎ）......................................8
柿渋色（かきしぶいろ）..........................72
隠し目付（かくしめつけ）......................60
隠れ蓑の術（かくれみののじゅつ）.......186
果心居士（かしんこじ）........................214
参差の術（かたがえのじゅつ）..............180
甲子夜話（かっしやわ）..........................54
桂男（かつらお）................................170
桂男の術（かつらおのじゅつ）..............170
火遁の術（かとんのじゅつ）..................136
歌舞伎（かぶき）................................196
甕筏（かめいかだ）................................98
我来也（がらいや）..............................206
川越藩（かわごえはん）..........................50
川並衆（かわなみしゅう）................10、42

217

監視（かんし）	11
観天望気（かんてんぼうき）	138
観音隠れ（かんのんがくれ）	148
飢渇丸（きかつがん）	110
耆著（きしゃく）	138
紀州流（きしゅうりゅう）	118
狐隠れ（きつねがくれ）	154
木菱（きびし）	84
嚮導（きょうどう）	119
霧隠鹿右衛門（きりがくれかえもん）	210
霧隠才蔵（きりがくれさいぞう）	210
金鬼（きんき）	21
釘抜き（くぎぬき）	104
草（くさ）	8
草双紙（くさぞうし）	198
草葉隠れ（くさばがくれ）	150
九字（くじ）	192
楠正成（くすのきまさしげ）	22
薬込役（くすりごめやく）	62
苦無（くない）	108
くのいち	116
くのいちの術（くのいちのじゅつ）	186
車剣（くるまけん）	78
黒鍬（くろくわ）	60
黒脛巾組（くろはばきぐみ）	40
黒母衣衆（くろほろしゅう）	42
郡中惣（ぐんちゅうそう）	36
結印（けちいん）	192
家忍の術（けにんのじゅつ）	166
煙玉（けむりだま）	136
軒轅黄帝（けんえんこうてい）	18
甲伊一国（こういいっこく）	38
甲賀（こうが）	36
甲賀古士（こうがこし）	52
甲賀五十三家（こうがごじゅうさんけ）	36
甲賀二十一士（こうがにじゅういちし）	36
甲賀忍者（こうがにんじゃ）	36
公儀隠密（こうぎおんみつ）	60
高坂甚内（こうさかじんない）	56
甲州透破（こうしゅうすっぱ）	40、56
強盗提灯（ごうとうちょうちん）	92
五色米（ごしきまい）	184
鏢（こじり）	80
滑稽本（こっけいぼん）	198
木の葉隠れ（このはがくれ）	150
小普請方（こぶしんがた）	47
虚無僧（こむそう）	43、168

さ

西域幻伎（さいいきげんぎ）	22
西郷隆盛（さいごうたかもり）	68
細作（さいさく）	8
座打ち（ざうち）	127
座枯らし（ざがらし）	111
下緒（さげお）	80
下緒七術（さげおななじゅつ）	132
座探り（ざさぐり）	128
察人術（さつじんじゅつ）	142
察地術（さっちじゅつ）	140
察天術（さってんじゅつ）	138
里人の術（さとびとのじゅつ）	15
真田三勇士（さなださんゆうし）	200
真田十勇士（さなだじゅうゆうし）	200
真田七勇士（さなだななゆうし）	200
猿楽師（さるがくし）	43、168
猿飛佐助（さるとびさすけ）	208
澤村甚三郎（さわむらじんさぶろう）	49
三光手裏剣（さんこうしゅりけん）	79
三尺手拭い（さんじゃくてぬぐい）	82
三方手裏剣（さんぽうしゅりけん）	79
シーボルト事件（しーぼるとじけん）	66
四鬼（しき）	21
弛弓の術（しきゅうのじゅつ）	15
錏（しころ）	106
下手打ち（したてうち）	127
七方出（しちほうで）	168

忍び (しのび) 8
志能便 (しのび) 20
忍び刀 (しのびがたな) 80
忍び口 (しのびくち) 160
忍び込み (しのびこみ) 11
忍び頭巾 (しのびずきん) 74
忍び杖 (しのびづえ) 96
忍びの城 (しのびのしろ) 112
忍びの六具 (しのびのろくぐ) 82
忍秘伝 (しのびひでん) 115
忍未来記 (しのびみらいき) 115
忍び物見 (しのびものみ) 11
柴隠れ (しばがくれ) 150
紙砲 (しほう) 88
四方手裏剣 (しほうしゅりけん) 79
十字手裏剣 (じゅうじしゅりけん) 79
修験者 (しゅげんじゃ) 168
手裏剣術 (しゅりけんじゅつ) 124
正五郎さん (しょうごろうさん) 60
庄司甚内 (しょうじじんない) 57
上段打ち (じょうだんうち) 127
聖徳太子 (しょうとくたいし) 20
正忍記 (しょうにんき) 118
除影音術 (じょえいおんじゅつ) 166
徐福 (じょふく) 18
児雷也 (じらいや) 206
白土三平 (しらとさんぺい) 204
白波 (しらなみ) 44
新楠流 (しんくすのきりゅう) 118
新堂ノ小太郎 (しんどうのこたろう) 215
陣張り (じんばり) 132
水渇丸 (すいかつがん) 110
水鬼 (すいき) 21
水月の術 (すいげつのじゅつ) 180
水遁の術 (すいとんのじゅつ) 134
杉谷善住坊 (すぎたにぜんじゅぼう) 214
透波 (すっぱ) 8
スッパ 196
整息法 (せいそくほう) 189

石筆 (せきひつ) 82
前鬼後鬼 (ぜんきこうき) 20
潜入 (せんにゅう) 11
仙方妙薬 (せんぽうみょうやく) 111
惣国一揆 (そうこくいっき) 26
相州乱破 (そうしゅうらっぱ) 56
孫子 (そんし) 18

た

第一次天正伊賀の乱
(だいいちじてんしょういがのらん) 28
大弓 (だいきゅう) 86
第二次天正伊賀の乱
(だいにじてんしょういがのらん) 28
択機の術 (たくきのじゅつ) 162
多胡弥 (たこや) 20
立川文庫 (たつかわぶんこ) 200
楯岡ノ道順 (たておかのどうじゅん) 215
狸隠れ (たぬきがくれ) 152
旅枕 (たびまくら) 132
近入りの術 (ちかいりのじゅつ) 176
竹庵 (ちくあん) 30
蟄虫 (ちつむし) 170
諜報 (ちょうほう) 10
跳躍訓練法 (ちょうやくくんれんほう) 190
直打法 (ちょくだほう) 126
付木火 (つけぎび) 91
筒井定次 (つついさだつぐ) 48
綱手姫 (つなでひめ) 206
吊り刀 (つりがたな) 130
鉄菱 (てつびし) 84
鉄砲生捕火 (てっぽういけどりび) 91
鉄砲百人隊 (てっぽうひゃくにんたい) 46
鉄鞠 (てつまり) 78
天蓋 (てんがい) 83
点火薬 (てんかやく) 90
天唾の術 (てんだのじゅつ) 15
問外 (といかき) 102

刀印（とういん）.....................................192
唐間（とうかん）.....................................119
藤堂高虎（とうどうたかとら）...................48
藤堂藩（とうどうはん）.............................48
徳兵衛（とくべえ）.................................196
突破（とっぱ）...8
飛び苦無（とびくない）.........................108
飛沢甚内（とびさわじんない）.................57
飛梯（とびばしご）...................................94
富田郷左衛門（とみたごうざえもん）
....40、216
渡来人（とらいじん）...............................22
遁法（とんぽう）...................................134

な

名取三十郎正武
（なとりさんじゅうろうまさたけ）........118
名取流（なとりりゅう）.........................118
無名雉（ななしきじ）...............................20
仁木弾正（にきだんじょう）..................196
日本王国記（にほんおうこくき）.............44
入虚の術（にゅうきょのじゅつ）...........158
如影の術（にょえいのじゅつ）.................15
忍者（にんじゃ）...................................119
忍者装束（にんじゃしょうぞく）.......72、74
忍者文字（にんじゃもじ）......................184
忍術（にんじゅつ）.............................8122
Ninjustu（にんじゅつ）........................212
忍術応義伝（にんじゅつおうぎでん）...115
忍術三大秘伝書
（にんじゅつさんだいひでんしょ）........118
忍術使い（にんじゅつつかい）...................8
忍術秘書応義伝
（にんじゅつひしょおうぎでん）...........115
忍術秘伝書（にんじゅつひでんしょ）...114
人相見（にんそうみ）............................142
忍兵（にんぺい）.......................................8
忍法（にんぽう）...................................202
忍法帖（にんぽうちょう）......................202

忍法秘巻（にんぽうひかん）..................115
忍薬（にんやく）...................................110
盗人（ぬすっと）...................................119
猫の目時計（ねこのめどけい）.............138
眠り薬（ねむりぐすり）.........................111
眠りの煙（ねむりのけむり）.................111
軒轅（のきざる）.................................8、18
野村大炊太夫（のむらおおいだゆう）...214

は

縛（ばく）..132
妖者の術（ばけもののじゅつ）.............176
馬借（ばしゃく）.....................................42
発射薬（はっしゃやく）...........................90
服部半蔵（はっとりはんぞう）.................30
八方手裏剣（はっぽうしゅりけん）.........79
早九字（はやくじ）...............................192
速須佐之男命（はやすさのおのみこと）
....20
半弓（はんきゅう）.................................86
萬川集海（ばんせんしゅうかい）...........116
反転打法（はんてんだほう）.................126
常陸之助国雄（ひたちのすけくにかつ）
....196
秘伝書（ひでんしょ）............................114
皮砲（ひほう）...88
姫菱（ひめびし）.....................................84
秘文字（ひもじ）...................................184
百雷銃退き（ひゃくらいじゅうのき）...136
風鬼（ふうき）...21
風魔小太郎（ふうまこたろう）........56、216
風魔党（ふうまとう）...............................40
伏義（ふくぎ）...18
袋翻しの術（ふくろがえしのじゅつ）...170
武芸一覧（ぶげいいちらん）...................48
藤一水（ふじいっすい）.........................118
藤林保武（ふじばやしやすたけ）...........116
藤林保義（ふじばやしやすよし）...........116
藤原千方（ふじわらのちかた）................21

武神館 (ぶじんかん)	212
不正規戦 (ふせいきせん)	16
仏僧 (ぶっそう)	168
放下師 (ほうかし)	168
放火薬 (ほうかやく)	90
棒手裏剣 (ぼうしゅりけん)	76
棒手裏剣術 (ぼうしゅりけんじゅつ)	126
防諜 (ぼうちょう)	12
謀略 (ぼうりゃく)	14
歩行法 (ほこうほう)	188
星形手裏剣 (ほしがたしゅりけん)	79
蛍火の術 (ほたるびのじゅつ)	174
掘抜 (ほりぬき)	113
母衣衆 (ほろしゅう)	10

ま

鉤の陣 (まがりのじん)	36
巻梯 (まきばしご)	94
撒菱 (まきびし)	84
撒菱退き (まきびしのき)	156
松尾芭蕉 (まつおばしょう)	58
間宮林蔵 (まみやりんぞう)	66
卍手裏剣 (まんじしゅりけん)	79
水蜘蛛 (みずぐも)	100
三つ者 (みつもの)	40
源義経 (みなもとのよしつね)	22
蓑虫の術 (みのむしのじゅつ)	172
迎入の術 (むかえいれのじゅつ)	178
結梯 (むすびばしご)	94
無足人 (むそくにん)	48
明朗膏 (めいろうこう)	111
木砲 (もくほう)	88
望月出雲守 (もちづきいずものかみ)	36
望月与右衛門 (もちづきよえもん)	215
畚褌 (もっこふんどし)	74
物真似の術 (ものまねのじゅつ)	144
物見 (ものみ)	11
物見の術 (ものみのじゅつ)	160
百地三太夫 (ももちさんだゆう)	216

や

焼き討ち (やきうち)	16
柳生一族 (やぎゅういちぞく)	64
保田采女元則 (やすだうねめもとのり)	48
宿茶の毒 (やどちゃのどく)	111
山里番 (やまさとばん)	47
山田ノ八郎右衛門 (やまだのはちろうえもん)	215
山田風太郎 (やまだふうたろう)	202
山中大和守俊好 (やまなかやまとのかみとしよし)	215
山彦の術 (やまびこのじゅつ)	15
槍止め (やりどめ)	132
結い縄 (ゆいなわ)	184
楊枝隠れの術 (ようじがくれのじゅつ)	164
用心縄 (ようじんなわ)	132
夜討天文火 (ようちてんもんび)	91
横打ち (よこうち)	127
義経陣中雨火炬 (よしつねじんちゅうあめたいまつ)	93
義経明松 (よしつねたいまつ)	93
義経水炬火 (よしつねみずこか)	93
四足之習 (よつあしのならい)	166
読本 (よみほん)	198

ら

乱破 (らっぱ)	8
略本術 (りゃくほんじゅつ)	176
旅弓 (りょきゅう)	86
虜反の術 (るほんのじゅつ)	182
蝋石 (ろうせき)	83
老談集 (ろうだんしゅう)	115
浪人笠 (ろうにんがさ)	83
六尺褌 (ろくしゃくふんどし)	74
六方手裏剣 (ろっぽうしゅりけん)	79

わ

和弓 (わきゅう)	86
和釘 (わくぎ)	104

参考文献

『伊賀町史』 伊賀町 著 伊賀町
『上野市史』（各巻） 上野市 著 上野市
『甲南町史』 甲南町史編纂委員会 編 臨川書店
『古事記』（上中下） 講談社学術文庫 次田真幸 全訳注 講談社
『日本書紀』（1～5巻） 岩波文庫 坂本太郎ほか 校注 岩波書店
『旧事諮問録：江戸幕府役人の証言』（上下） 旧事諮問会 編／進士慶幹 校注 岩波書店
『徳川実紀』（各巻） 新訂増補国史大系 成島司直ほか 編 吉川弘文館
『義経記』 日本古典文学全集31 梶原正昭 校注 小学館
『官職要解』 和田英松 著 講談社
『正忍記：甦った忍者伝書』 藤林正武 著／木村山治郎 訳 紀尾井書房
『正忍記：忍術伝書』 藤ノ一水子正武 著／中島篤巳 解読・解説 新人物往来社
『信長公記』 原本現代訳20 大田牛一 著／榊山潤 訳 ニュートンプレス
『信長公記』 角川文庫 大田牛一 著／奥野高広、岩沢愿彦 校注 角川書店
『鎌倉・室町人名事典』 安田元久 著 新人物往来社
『軍記物語と民間伝承』 民俗民芸双書66 福田晃 岩崎美術社
『軍記物語の世界：中世を貫く動態の追求』 さみっと双書 杉本圭三郎 名著刊行会
『戦国人名事典』 阿部猛、西村圭子 編 新人物往来社
『戦国大名城郭事典』 西ヶ谷恭弘 編 東京堂出版
『戦国風雲忍びの里』 別冊歴史読本34 新人物往来社
『全図解モノの呼び名がわかる事典』 中村三郎、グループ21 著 日本実業出版社
『甲賀の歳月：忍術甲賀流の背景』 柚木踏草 著 誠秀堂
『甲賀流忍術概ь』 木村利一 著 近江製剤株式会社
『考証忍者物語』 田村栄太郎 著 雄山閣出版
『真田忍者と中之条町』 山口武夫 著 中之条町教育委員会
『大日本地誌大系第21巻』 蘆田伊人 編 雄山閣出版
『史談と史論』（上下） 海音寺潮五郎 著 講談社
『忍びの里の記録』 郷土の研究10 石川正知 著 翠楊社
『歴史グラフィティ 忍者：歴史をささえた影の男たちのすべて』 主婦と生活・生活シリーズ240 主婦と生活社
『忍者』 戸部新十郎 著 大陸書房
『忍者と盗賊：日本史・陰の人物史』 河出文庫 戸部新十郎 著 河出書房新社
『忍者と忍術』 戸部新十郎 著 毎日新聞社
『忍者の生活』 山口正之 雄山閣出版
『忍者の謎：戦国影の軍団の真実』 PHP文庫 戸部新十郎 著 PHP研究所
『忍術：その歴史と忍者』 奥瀬平七郎 著 新人物往来社
『忍術秘録』 藤田西湖 著 壮神社
『忍法：その秘伝と実例』 奥瀬平七郎 著 新人物往来社
『忍法・超人の世界：忍法に見る日本人の合理性と知恵』 大平陽介 著 池田書店
『忍びの武器』 名和弓雄 著 人物往来社
『隠し武器総覧』 名和弓雄 著 壮神社
『半棒術・十手術・鉄扇術』 初見良昭 著 土屋書店
『秘伝戸隠流忍法：戸隠流忍法・生きる知恵』 初見良昭 著 土屋書店
『忍術極意秘書：現代人の忍術』 伊藤銀月 著 八幡書店
『砲術・水術・忍術史』 日本武道全集 東京教育大学体育史研究室、日本古武道振興会 編 人物往来社
『真説・日本忍者列伝』 小山龍太郎 著 荒地出版社
『中国忍者伝』 水野美知 著 人物往来社

『戸隠の忍者』 清水盾三 著　銀河書房
『戸隠譚：歴史と伝説』 宮沢嘉穂 著　戸隠史説刊行会
『徳川将軍家の謎』 別冊宝島シリーズ歴史の新発見　宝島社
『「絵解き」雑兵足軽たちの戦い』 講談社文庫　東郷隆 著／上田信 絵　講談社
『日本奇談逸話伝説大事典』 志村有弘、松本寧至 編　勉誠社
『日本史人物夜話』 原田伴彦 著　時事通信社
『三好清海入道』 復刻立川文庫傑作選　野華散人 著　講談社
『霧隠才蔵』 復刻立川文庫傑作選　雪花山人 著　講談社
『真田幸村』 復刻立川文庫傑作選　加藤玉秀 著　講談社
『女紋』 池田蘭子 著　河出書房新社
『妖異風俗：日本のオカルティズム』 講座日本風俗史　雄山閣出版
『理科年表』 丸善株式会社
『特集人物往来　昭和32年9月号：逆算の秘史』 人物往来社
『歴史読本　昭和39年8月号：忍者―戦国の幻兵団―』 新人物往来社
『歴史読本　昭和54年3月号：戦国陰の一族』 新人物往来社
『歴史読本　昭和57年3月号：江戸忍法影の軍団』 新人物往来社
『歴史読本　1991年12月臨時増刊：「忍者」のすべて』 歴史ロマンシリーズ　新人物往来社
『歴史読本　1999年12月号：激闘！戦国「異能」部隊』 新人物往来社
『歴史と旅　昭和56年7月号：立川文庫傑作選』 秋田書店
『歴史と旅　昭和57年1月号：立川文庫豪傑編』 秋田書店
『NHK歴史発見11』 NHK歴史発見取材班 編　角川書店

F-Files No.050
図解　忍者
2015年8月8日　初版発行

著者	山北　篤（やまきた　あつし）
本文イラスト	福地貴子
図解構成	福地貴子
編集	株式会社新紀元社 編集部
	川口妙子
DTP	株式会社明昌堂
発行者	宮田一登志
発行所	株式会社新紀元社
	〒101-0054　東京都千代田区神田錦町1-7
	錦町一丁目ビル2F
	TEL：03-3219-0921
	FAX：03-3219-0922
	http://www.shinkigensha.co.jp/
	郵便振替　00110-4-27618
印刷・製本	株式会社リーブルテック

ISBN978-4-7753-1349-7
定価はカバーに表示してあります。
Printed in Japan